アンブレラ——傘の文化史

アンブレラ

傘の文化史

A History of the UMBRELLA

T.S.クローフォード著　別宮貞徳・中尾ゆかり・殿村直子 訳

八坂書房

T.S.Crawford:

A HISTORY OF THE UMBRELLA

David & Charles Ltd., Newton Abbot, 1970

★アンブレラ——傘の文化史

目次

○原註は巻末にまとめて掲げたが、訳者による註記は文中において〔　〕内に入れ、文字のポイントを下げた。
○原書にはないが参考として掲載した図版には、キャプションの末尾に*印を付して区別した。
○参考として、本書で用いた洋傘各部の名称を左に図示した（カッコ内は業界での通称）。

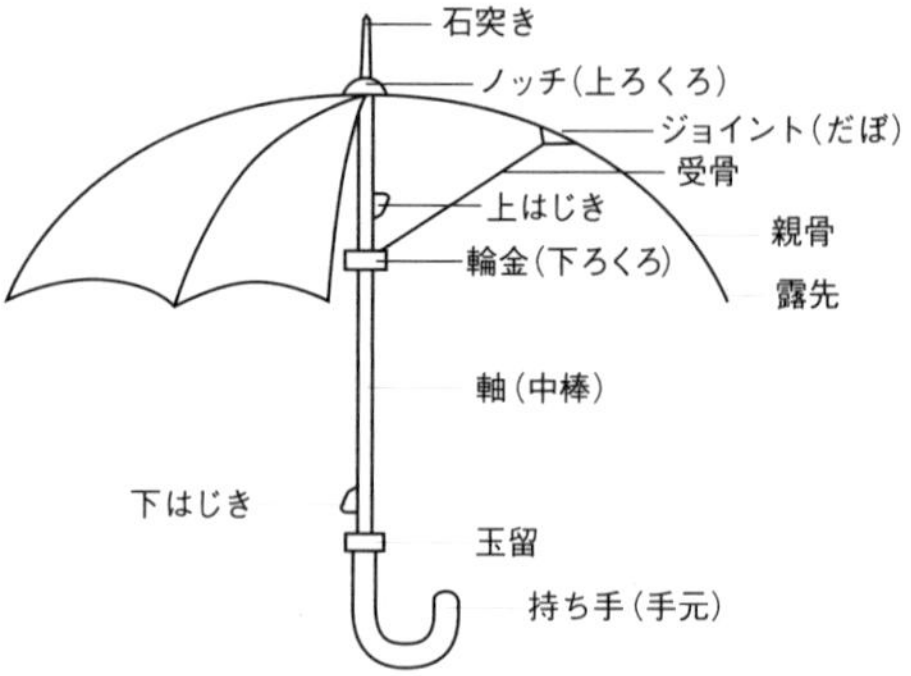

「ぼくのからかさだけはどこにいった」とかなしそうにいいました。
こうして、はじめて、かさができたのです。

――オリヴァー・ハーフォード
「こびととやまね」

まえがき

　そりゃおもしろいテーマじゃないか！　私が傘の歴史をまとめていると言うと、少なからぬ人からこんな反応が返ってきた。連中はあきらかにこのテーマの広がりも奥の深さもわかっておらず、おそらく私の本が流行をことこまかに解説する程度のものと考えたのだろう。ところが、じっさいには、流行なんぞ傘の歴史という巨大な氷山のほんの一角にすぎず、この仕事には雨傘とパラソルの形をくわしく解説するだけではすまない大きなものがある。

　私が「こうもり傘学」に関心をいだくのは、心理学者ならきっと幼年時代に遭遇したある事件に起因すると考えるだろう。両親は、私が入学することになっていたパブリック・スクールの学校説明会で、ほとんどの児童が雨風をしのぐのに、レインコートよりも傘の方が好きらしいことに気づいた。数カ月後、新品のこうもり傘をしっかりにぎしりめ、右も左もわからない新入生となってかの学舎に入学した私は、なにやら掟やぶりをしでかしたことを知った。こうもり傘は六年生と学校の幹部だけに許された特権だったのである。私はどちらの地位にも到達することなく、在学中はずっとダッフルコートで通さなければならなかった。ひょっとすると、これは挫折した夢から生まれた研究なのかもしれない。

しかし、私が傘に魅せられたのは、デヴィッド・パイパーが一九五二年に書いた論評を読み、傘のすべてを語る本がいまだに英語で書かれていないのを知ったときだった。

こうもり傘学、つまり傘の科学はいまだ発展の途上にある。この研究にはナフィールド学寮教授職もなければ、ロックフェラー奨学金もない。こうもり傘学は、たとえ存在するとしても、雲をつかむがごとしで、その高尚な知的雰囲気の中には、論文のテーマをさがす大学院生の意欲も、いまだに入りこんでいない。(1)

それでも、この問題に関してなんらかの情報を提供してきた著述家は少なくないし、それに掘り下げる価値があることに気づいた著述家もいる。ウィリアム・ベイツは「この必要不可欠な道具の歴史はかならずや興味深い書物となり、考古学や逸話で語りつがれてきた話を紹介するすばらしい領域を開くであろう」と考えた。「この道具の起源や用法、構造の発展を太古の時代にまでたどるには、なみなみならぬ労力と研究を要する(2)」というその予言はずばり的中している。オクターヴ・

ユザンヌはこのような仕事にいどみ、次のような発見をする。

考古学者はギリシアで日傘が果たした役割についてとびっきりの作品を喜び勇んで書くだろう。資料は学者の期待を裏切らない。それどころか、本はたちどころに分厚くなり、余白はあらゆる分野から集めた註でうめつくされる。十六世紀のもろもろの大著のごとく、それを念入りに読む暇があるのは今日では隠遁者くらいのものだろう(3)。

ユザンヌはそのような労作の大きさを誇張したが、パラソルを描いた古代ギリシアの壺の研究は、ほかの人にはいざ知らず、熱烈なファンにはこたえられない魅力があるだろう。ユザンヌ自身の著作は楽しく、とりわけ、古代の裸婦がパラソルをさす想像図はすばらしい。フランスで初版が出たのははるか昔の一八八三年で、話はもっぱらフランスに的をしぼっているが、それでも読む価値は大いにある。著者は「おおまかにまとめたあらまし」にすぎないと認めており、たしかに、カトリック教会で傘がはたした重要な役割を見過ごしている。このテーマは翌年シャルル・ド・リナが徹底的に取り組んだ(4)。

しかし、流行をたどる者には、ユザンヌの本でじゅうぶんにこと足りる。もっともユザンヌは、一八三〇年から七〇年までの日傘の幾多の変遷を余すところなく記録しようと思ったら、このなまめかしい品物をうみ出すファッションの歴史をわずかだけ伝えるためにも、色つきの挿絵がどっさり入った本を書かなければならなかっただろうと認めてはいる。（これまたフランス人のルネ＝マリー・カザルは、「パラソルをさす女心の万華鏡さながらに変幻きわまりない諸相を書き記すには、何巻の書が必要になることか」と考えて、胸躍らせた。[5]）ユザンヌは研究の結果から傘の歴史を完成したとき、次のような結論にいたった。

私たちは膨大な資料を集めた。収穫物の束はとてつもなく太く、大きくなり、さまざまな部分を整理したあと、腕で抱えきれないほどになった。ここに転がっているのはほんのわずかな落穂で……想像という工房で大きく育つにつれ、とてつもない規模になった研究の名残にすぎない。[6]

あふれんばかりの資料は後世に伝えられず、今では目の当たりにできないのが残念でならないが、おもに十九世紀にめまぐるしく変化した傘の型について述べたものと思われる。今日では、カザルとユザンヌが思い描いたような膨大な数にのぼる傘の型だけに目を向けた記述に価値があるかどうか、疑問の余地がある。さまざまなデザインや素材や色に関する意見なら、一般の服飾書をひもとけばじゅうぶんに見つけられるだろう。しかし、傘に関する包括的な研究は不足している。ヨーロッパに的をしぼった本が一冊、一九五六年にイタリアで刊行されてはいるが、[7] イギリスにおけるこうもり傘の発展を語る、英語で書かれた書物はない。本書がこの欠陥を補い、服飾の流行に傘が占めている位置を説明するだけでなく、その起源や、祭具、宗教画、宗教建築で担っている重要な役割、社会史にはたした貢献について、いくらかでも人びとの理解を助けるよすがとなってくれることを願う。

本書で使用する「傘」(umbrella)と「パラソル」という言葉の使い方について、一つ説明しておかねばならない。私はこれらの言葉を厳密に、現代で使われている意味で使うつもりだった。「傘」(umbrella)は「影」を意味するラテン語のumbraを起源とするが、現在では雨から身を保護する道具を指し、一方、「パラソル」は日傘を意味する。ところが、この二つの言葉は何世紀ものあいだいいかげんに使われており、私としても言い古された、曖昧な意味合いに頼らざるをえず、このような区別は不可能となった。しかし、全体を通して、特に一七五〇年以降の傘とパラソルの説明の中で、ある程度の区別がなされていることに気づいていただけるだろう。

本書を執筆するにあたって調査を進めるうちに、私は人びとがこのテーマに示した関心に驚くとともに、うれしくもなった。問い合わせに対する返事は、おどろくほど熱心だった——唯一の例外は、傘業界のさる部門で、むりもないことながら、そこでは過去への郷愁よりも今日の製造問題に関心がある。

最後になるが、本書を書き上げたまさにちょうどそのとき、人類が初めて月に降り立ち、テレビ画像を地球に送信するのに使われた装置の中に、設計と形がまちがいなく傘を参考にした器材があり、実際に、少なくとも非公式には、「傘型アンテナ」と呼ばれていた。私の研究になんとふさわしい結びであろうか。この研究のいちばんの特徴は傘というモチーフが及ぼした多くの広範な影響を見いだすことで、その影響は、今や私たちが住む世界を越えて宇宙のかなたにまで広がっているのである。

第一章　傘の起源

この世で最初に傘が作られたのはいつかというなら、三千年以上昔だったと考えるのがいちばん無難だろう。傘の起源は曖昧模糊としており、日光をさえぎる必要にせまられて発明されたのか、それとも雨に濡れないようにするために発明されたのかさえも、わからない。はっきりしているのは、太古以来、傘の発展と重要性には宗教や神話の象徴的要素が深く関わってきたことである。おおかたの著作家は傘の進化に関するこまごました調査を敬遠し、傘の原型はエジプトとアッシリアで使われ、王族にしか与えられない特権だったと述べるだけでよしとしている。

傘が発明されたのはほぼまちがいなくエジプトで、最初は流行品というよりも宗教や儀式で使われる標章だった。紀元前一二〇〇年になると、王族の高い階層が庶民の低い階層に影を投げかけていることを示すために、そして、とりわけ、王が天空に覆われていることを象徴するために、気の利いた、込み入ったデザインの傘が最高位の貴人にさしかけられた。

一見すると、これらはやがてありふれた品となるものに仰々しい特性を与えただけのように思えるが、当時の言い伝えや信仰を調べると、いくつかの解釈が浮かびあがる。エジプトの人びとは、空は天空の女神ヌトの体でできていると考えた。ヌトはつま先と指先だけを地面につけて大地に覆いかぶさり、ギリシア神話のアトラスに相当するシュウが片方の手をヌトの胸に当て、もう一方を腿に当ててヌトを支え、それで星をちりばめたヌトの腹が空の天井を形づくっているというのである。そのため二神は、ヌトが体で覆いを形づくり、シュウが棒と支えの役割を果たして、巨大な傘にもなぞらえられるような姿勢で石棺の内蓋に描かれることもある。

ヌトとシュウ。下にいるのは大地の神ゲブ*

そうしてみると、太古の傘は、このように天の概念を表わすために作られたのかもしれない。王を日差しから守るというよりも、王が天から授かった地位を示すために、王の頭上に傘をかかげるのである。今日なお、世界各地で少なからぬ民族が空を丸天井や天蓋、あるいは傘とさえみなして、その上には地上のように戦士が住んでいると考えているのは、驚くべき類似といえる。インドで紀元前五世紀に盛んになったジャイナ教の信者は、宇宙は巨大な人間の形をしていて、いちばん上には光り輝く白金でできた傘形の広大な悟りの場があると信じている。これが究極の天で、イシャトゥ・プラグバラ「わずかに傾いた傘」と呼ばれ、魂は悟りに達したのち、この天に昇っていくという。仏教徒にも似たような信仰がある。死者を供養する建造物にしばしば見られるもので、建造物の上部に傘の形をした頭頂飾りが載せられる。

やがて、エジプトの人びとは、傘を使用する権利を与えられた貴人の安泰と永続性を表わすものとして傘をあがめるようになるが、これらの属性は四つの柱頭ないし円盤をそなえた柱の一種ジェド（別名テト）から借用されたのかもしれない。ジェドは収穫と関係があり、モミの幹の形から変化してきたもので、女神ヌトの息子オシリスの特別な紋章となっている。オシリスはエジプトの神々のなかでもとりわけ魅力的で重要な神で、もともと、収穫で死んだ穀物が新たに芽吹いたときにふたたび生まれる草木の霊を体現する自然の神だった。のちには、死の神として国中で崇拝される。

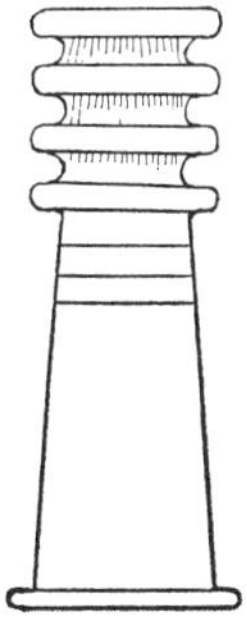

エジプトのジェド。のちの傘をモチーフにした建造物に類似する点が見られれる

オシリスはエジプトの王位を継承し、食人のような望ましくない習慣を廃止し、穀物や葡萄からパンやワインを作って栄養をとる方法を国民に教えて、国の教化に大きな貢献をしたと言われている。最後には摂政を指名して、アジアの平和的な征服に乗りだし、おもに音楽と教育を通じて文明開化を成し遂げた。オシリスのすぐれた

国王としての資質は、ジェドに表わされているが、これは、その人間の後継者に期待される特質が傘で象徴されたのと同じである。さらに、エジプトの人びとはジェドをオシリスの魂と考え、それゆえ生命の核心を示すのに使った。ジェドは宇宙のような形に表現されることが多かった。これが空を支え、天と地のあいだに王の権威が認められる空間を確保するわけである。こういうことから、ジェドは、しばしば窓のアーチに取り付けられた。構造上必要だからではなく、支えの印象を与えるためだった。宇宙の柱と生命の核心がアジアの弔いの記念建造物では傘の図柄で表わされ、さらにこの建造物にはジェドの四つの円盤にどことなく似た複数の層があることを次章で見よう。

オシリスにはもう一つ、傘と間接的な関連がある。オシリスはワインと穀物と木を象徴する神としてのちにギリシアの神バッコス（ディオニュソスとも呼ばれる）と同一視されるようになるが、バッコスの崇拝者は行列のとき日傘をさしていた。オシリス崇拝と、のちに出てくる傘の象徴的な使用が結びついている例は、いくつかあるが、なにがそれを結びつけているのかは、まったく立証されていない。ここでは、たんなる偶然かもしれないが、そのことをはっきり指摘し、また傘が最初にエジプトで注目された特性の多くを残しながら、アジア全体から、地中海沿岸でも使われるようになったことを述べるのにとどめる。

やがて、王室の傘がつくりだす日陰に重要性が加えられ、王の権力が与える庇護になぞらえられるようになった。紀元前一世紀に書かれたとされる聖書の外典「バルク書」の第一章には、「わたしたちはバビロン王ネブカドネツァルとその子ベルシャツァルの保護のもとで暮らし」という一節がある。傘という言葉は聖書のどこにもみあたらないが、ネブカドネツァルが傘を王権を表わすものに数えていたことはほぼ確実と思われる。エジプトの古文書では、傘の形をした象形文字は、時に主権を示していた。さらに重要なことに、この象形文字はハビットもしくはハイビットつまり人の影も意味し、この中にその人の生殖力が宿ると考えられた。したがって、ハイビットは人体のとくに重要な属性と考えられた。死後に肉体的な形が影を得て、ようやく霊的な体の復活が完結するのである。昔の傘をさすことには、このように、なんらかの性的な意味があり、現に、影と傘にみられる生殖の概念は、アジア全域から西アフリカ、西ヨーロッパにまでたどれる。（フランス語の動詞オンブラジェ ombrager とドイツ語のベシャッテン beschatten は、いずれも「影」を意味する言葉から派生し、かつては雄牛が雌牛に覆いかぶさることを表わすのに使われた。同様に重要なこととして、花嫁、花婿の両者あるいはいずれかの頭を傘か布の天蓋で覆う風習が多くの国にある。後者はかつてイギリスで見られた。[1]）

　主権者を日差しから守り、たたえるために使われた傘そのものは、紀元前十一世紀のエジプトの彫刻に描かれ、椰子の葉でできていて葉のとがった先端を上に向けた傘が、エチオピアの王女を描いたテーベの浮彫りに登場する。同じ時代のパピルスも王家の傘について述べ、このくだりを読んだA・T・オムステッドは「史上初めて記録されたジョーク」と評している。[2] 紀元前一一一四年頃、ファラオは新しく建造する船の材料の杉《シーダー》を手に入れるために、エジプトと敵対していたゲバルの王ザカール・バールにウェナモンなる男を遣わした。かなり緊迫した空気に包まれて会談がつづき、ウェナモンはしだいに主人の命令を果たす能力に自信をなくしているところに、ザカール・バールの傘の影がエジプト使節を覆った。これを見て王の側近が冗談めかして言った。「ご主君、ファラオの影がさしておりますよ。」この冗談はとりたてておもしろいものではないし、ザカール・バールに対しても必ずしもうやうやしいとはいえない。傘に象徴される王の力が、ファラオの力に劣っているとも受けとれるからである。王は冗談を言った側近を叱りつけた。

ザカール・バールの傘がどのような形をしていたにしろ、傘はたしかに重くてやっかいだっただろう。だからこそ、傘持ちは王の頭上にじっと傘をかざしていられなかったのだと思われる。たとえそうだとしても、主権者に影をつくるために盾を使った以前の習慣にくらべれば、かなりの改善だろう。ベニハサンで発見された彫刻には貴人が駕籠で運ばれるようすが描かれ、そのうしろを従者が腕を高々とあげて、人とかわらない大きさの盾を貴人の頭上にかざして歩いているが、盾は地上から優に三メートルはあったにちがいない。

傘を使う習慣はエジプトからアッシリアに広まり、アッシリアでも、当初は、傘を頭上にかかげさせるのが王の特権で、たいていは儀式にともなう行列のあいだだされた。ジョージ・ローリンソンは次のように記している。

国王には役目に応じてさまざまな仕事をする役人が身近に仕えた。戦時中は戦車の御者や盾持ちがつきしたがい……ときには傘持ちもいた。平時は傘持ちは付き添いとしてつねに国王に同行したが、例外は狩りの遠征で、そのときは扇持ちが代わりを務めた。パラソルはいまだにアジアの各地で使われているものとそっくりで、もっぱら国王専用だった。長く太い棒があり、傘持ちはそれを両手でしっかりにぎり、最初のころは頭部がいくぶん小さな輪になっていた。のちの王の時代には、上の部分がかなり大きくなり、同時にカーテンか垂れ布が取り付けられ、それがパラソルの端から垂れ下がって、国王を日光から守るのにさらに効果があった。パラソルのてっぺんには房飾りがあしらわれ、棒の先端は、ふつうは、花や装飾品で飾られた。もっとあとになると、頭部とそこから垂れ下がったカーテンに豪華な模様が描かれた。ホルサバッドの彫刻に残っている色を信用するなら、好まれた色は赤と白で、王冠と同様にパラソルにもこの二色が縞模様に使われた(3)。

狩猟の遠征では扇持ちがパラソル持ちに代わったとローリンソンは述べているが、パラソルはニネヴェからおよそ四百キロ離れたケルマンシャー近郊のタークブスタンにある狩りの図に描かれている。紀元五世紀の浮彫りには、王が鹿狩りに出発する場面が描かれ、パラソル持ちが王の馬のうしろを走っている。もっとあとの場面では、王は馬を全力疾走させ、当然、パラソルもパラソル持ちの姿も見えない。傘を持つのは両手を要する仕事だから、君主と自分の背中に太陽が照りつけているときに、傘持ちはいったいどのようにこの仕事をこなしたのだろうか。傘持ちと主人のあいだにはカーテンがさがっているから、傘持ちは視界をさえぎられてしまう。パラソル持ちのことまで、

戦車パラソルをさしかけられるアッシリアのアッシュール
バニパル王。紀元前1350年頃（大英博物館蔵）

ターキブスタン遺跡（イラン）の国王鹿狩り図*

誰も気が回らないようだが、ローリンソンは傘持ちのことで耳よりな話を記している。

パラソル持ちは弓持ちや矢筒持ちと同じような服装をしていたが、まったく武装していなかった……。武官ではないのに国王の遠征に同行したのは、戦争のさなかでも、状況次第でパラソル持ちがいる方が都合がよいこともあったからだ。(4)

この傘持ちという仕事が卑しいと考えられていたのか、名誉と考えられていたのかは、明らかにされていない。強い日差しであれ、戦いの熱気であれ、そのさなかに仰々しいパラソルを君主にさしかけるのは、たしかに楽しい仕事ではなかっただろう。(ただし、戦車を使うときは、王は、作りつけの大きな傘で日をよけた。)その一方で、傘持ちは王の威光のおこぼれにあずかったかもしれないし、ときには王の日陰を利用したかもしれず、もしかすると、傘の性的な意味の方を自慢にさえしたかもしれない(傘持ちが召使いとして雇われた宦官だったら話は別)。アッシリアの傘持ちを(ローリンソンのように)官職と見るのは、おそらく誤りだろう。官は、今では一定の身分を示す言葉である。おそらく、傘持ちは卑しい生まれ

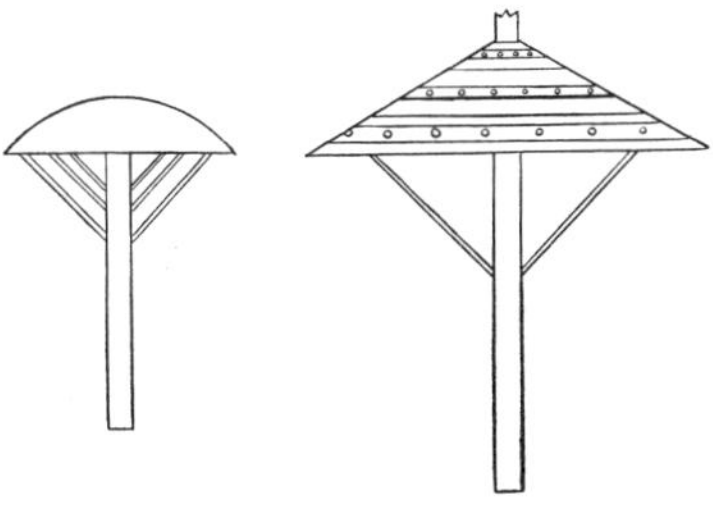

アッシリアのパラソル:(左)紀元前7世紀に従者がさしたもの、(右)戦車に立てられたそれ以前のもの

の男か目をかけられた奴隷で、この仕事に、そのつらさにもかかわらず、あるいはそれゆえに、何らかの誇りを持っていただろう。

紀元前八世紀以前のあるとき、ギリシア人はまちがいなく、傘の形で表わされるエジプトのハイビットの性的な意味に気づいて、収穫の出来不出来と密接な関わりのあるデーメーテルやペルセポネーの祭など豊饒の祭でほんものの日傘を象徴的に使用した。ヘロドトスは「ギリシア人がテスモポリア祭と呼ぶデーメーテルの秘儀について語るのは、私の敬虔な心が許す限りにとどめ、それ以上は一切つまびらかにすまい。この儀式をエジプトからもたらし、ペラスギ人の女性に教えたのはダナエーの娘たちである」と書いた。[5]（ペラスギ人はギリシアで最古の住人と言われている。）

デーメーテルの娘ペルセポネーの傘をさす姿が古い壺に描かれている。オシリスと同じく、冬に死んで春になるとふたたび生まれる草木を象徴した。のちに崇拝者はテスモポリア祭で、夏を暑くしすぎないようにとアテーナーに祈り、頼みごとをするあいだ、巫女は巨大な白いパラソルで守られていた。巫女のお供をするさまざまな女たちも同じように覆われ、紀元前五世紀に書かれたアリストパネスの劇『テスモポリアの女たち』では、女は男が盾を捨てたようにパラソルを捨てはしなかった、と女たちは声をそろえて自慢しており、パラソルにおかれた価値がかなり高いことがうかがえる。[6]

テスモポリア祭と同類の祭に、スキラポリア祭があり、かつては想像力豊かな作家には、大枝祭もしくは傘祭の名で知られていた。現代の説によると、その名は何かが運ばれることを意味しており、祭に関連していたことだけがわかっている正体不明のオクルパとはパラソルのことで、神官と巫女が大きな白い傘をさしてアクロポリスからスキロンと呼ばれる場所まで歩いたと古くから推測されている。

ギリシア南部のアレアでは、パラソルは神官の上にさしかけられた。アレアでは、アルカディア人が、古代イタリアの実りの神で豊饒とワインをつかさどるリーベルを崇拝し、畑仕事に太陽のめぐみを乞う儀式を行なっていた。この儀式のローマ版も誕生と豊饒、そして植物と動物の種《たね》に重きを置き、そのため、儀式では男根崇拝も行なわれた。紀元前六世紀頃、ギリシア＝ローマの神バッコスはリーベル信仰を吸収し、上述のほかの儀式との密接なつながりができあがった。たとえば、テスモポリア祭ではバッコスの像が行列の先頭に立ち、数名の崇拝者が傘をさしたし、バッコスは生と死をはじめオシリスの属性をいくつもそなえている（プルータルコスは『イシスとオシリス』であれこれ比較している）。したがって、紀元一三〇年に皇帝ハドリアヌスが若くして死んだ友人アンティノウスを神に祀りあげようとしたとき、エジプト人はアンティノウスをオシリスとして崇拝し、ほかの民族はむしろバッコスと考えた。

初期のバッコス祭では、女性が主役を演じ、時には女性独占だったが、男性の参加が許されると行列はいかがわしいものになり、ついには、参加をしぶった男性は、なんと生け贄の運命をたどった。このようなどんちゃん騒ぎがローマでも紀元前二世紀の初めに行なわれ、元老院は紀元前一八六年にその廃止令を出した。テーバイの人びとも法律で儀式を禁止しなければならなかった。しか

バッコス祭で山野の精セイレーノスがさす風変わりなギリシアの傘。紀元前440年頃（ベルリン美術館蔵の壺絵）

し、バッコス祭の信者の数があまりにも多かったため、いずれの措置も十分な成果を見るにはいたらなかった。

数百年にわたり、傘はバッコスを崇める祭で豊饒の象徴の役目をはたし、また、参加者自身の性的な欲望も表わしていたと思われる。しかし、ギリシアでは、紀元前五世紀頃には傘はむしろ性的な象徴性がうすれ、しだいに日陰をつくるものとして使われるようになった。それで、プトレマイオス・ピラデルポス（前二八五～二四六）の治世に催された大バッコス祭では、像と果物のささげ物が蔦と葡萄の枝で飾られ、紫と白の天蓋あるいは傘で保護された。（この二つの言葉はしばしば交換可能ながら、どちらがどちらを保護したのかは不明。）

これら古代の儀式でパラソルが使われたことを強調しすぎる傘の歴史家も少しはいるが、逆に、このような場面で傘が象徴としてはたす重要性を高く評価しない、さほど熱心でない権威者は、傘が使われていることをあまりにもしばしば見過ごし、あるいは無視してしまう。パラソルが、儀式の中でしばしば場ちがいなおかしなものになっているのは、たしかにその通りではある。それでも、パラソルが祭と密接にかかわっていた時期があり、紀元四一四年に初演されたアリストパネスの『鳥』で、プロメテウスは自分の体を傘で覆い、「ゼウスは私を見たら、私が行列に参加していると思うだろう」と釈明している。[7]（プロメテウスはアプロディーテーへのひそかな想いに溺れ、仲のよくないゼウスから身を隠そうとした。）

さらに、男神を描いたギリシアの彫刻に登場する傘は、必ずといっていいほどバッコス信仰と関連がある。事実、パウルス・パキアウドゥスは『傘をさすことについて』で、三人の天使童子が描かれそのうちの一人が傘を持っている彫刻の頭頂部を修復したとき、自信満々、失われた半分にバッコスを描いて復元した。ほかの二人の天使童子はというと、一人はバッコスのこれも重要な持ち物であるテュルソス（先に松かさをつけた杖）を、もう一人は竪琴を持っている。この酒の神はしばしば音楽と結びつけられ、従者の多くは音楽を楽しみにしていた。

バッコス祭と同時代の祭の一つに、アテーナイで催されたパンアテナイア祭の競技があり、その期間中、メトイキ（外国からの入植者。市民権は持たないが市内に居住が許された）の娘は、服従を示すためにアテーナイの乙女に傘をさしかけなければならなかった。この場合は、日傘は敬意の象徴というよりも、乙女の便宜をはかるために使われている。つまり、ギリシア人はパラソルを日用雑貨の一つに組み入れてもいて、アリストパネスには、織機、巻き棒、籠と並べてパラソルへの言及がある。[8]しかし、男性が自分自身のために傘をさすことはほとんどなかった。紀元前五二〇年頃にアナクレオンは、アルタモンなる男が「女がするように」象牙の枠のパラソルをさすと、皮肉っぽく述べている。[9]数世紀のあいだ、ギリシアの男性が傘をさすのを大目に見られたのは連れの女性にさしかけるときだけだったし、男性の支配者は通常は儀式用の傘をさしかけさせることもなかった。だからこそ、アテーナイの将軍クセノポンは、アッシリア人が木と岩による日陰に満足せず、「人々を立たせて人工の陰を造った」と語っているのである。[10]

アリストパネスは登場人物の一人アゴラクリトスに「君の耳はパラソルのように開いて、それからまたつぼんだ」とデモスに向かって言わせており、このせりふから、当時の傘の少なくとも一部は開閉できるものだったことがうかがえる。[11] 実際のところ、大きな問題は、傘を閉じたときに覆いの布をうまく畳むことだったかもしれない。のちの傘はたしかに現代の傘によく似ており、細い親骨に布が張られ、受骨を取り付けた環が柄を上下に動くようになっていた。パラソルは女性が片手でさせるよう、枠が軽くできていた。

ギリシア＝ローマ時代の芸術家は、秘教の婚礼や求婚の場面を描いた陶器にパラソルを加えた。比較的新しい時代になると、パラソルは亡くなった女性の地位が高かったことを示すために甕棺にも描かれた。ときには、女性が生前パラソルを使っているところや、埋葬されるときに亡骸にさしかけられるパラソルが描かれた。こういう場合、傘には弔いの象徴もあったと考えられる。古代ギリシア人は、なくてはならない日陰をつくるために死者の墓に木を植えたが、傘がその木の代わりになったこともあるかもしれない。

紀元前三世紀に流行したものに、日よけ帽がある。これは持ち手のないパラソルによく似た形で、雨をしのぐときにも役に立った。このような帽子は現在でも東南アジアでかぶられ、開いたパラソルの覆いに驚くほど形が似ている。（この手のかぶりものを意味する「ソンブレロ」という言葉は、かつて日傘を表わすのに使われた。日傘のもとはソンブレロだと考える著述家もいる。）アテーナイの北四十キロにあるタナグラの女性は、赤と白に塗った麦わらの珍しい日よけ帽をかぶり、ひもで頭にとめた。きわめて軽いところが長所で、パラソルのように手で持ち運ぶ必要がなく、しかも、かぶる人の魅力がそこなわれることはほとんどなかった。

紀元前三世紀頃、傘はギリシアからローマに広まった。当時の文献によると、傘はローマでは特別な意味がなく、日差しから身を守るための便利な服飾品にすぎなかった。オウィディウスは、ヘラクレスがしばらく奴隷として仕えたリュディアの女王オムパレーにさしかけた「強い日差しを防ぐ黄金の傘」について述べている。[12] マルティアリスは、強烈な日差しをよけるためにさし、風を防ぐベールとしても使われるウンブラクラ（小さな傘）に言及し、[13] また、旅に出る日にはよく晴れていても、思いがけないにわか雨にそなえてスコルテアをもっていくべきだと勧めた。[14] 厳密に言えば、スコルテアは革でできた物を意味し、このことから外套かフード付きの衣服だろうと考えられるのだが、この文脈では傘を意味すると解釈する翻訳者もいる。このような防水性の傘は、しゃれた日傘よりもがっ

タナグラ出土の女性像。紀元前320年頃（ベルリン美術館蔵）*

しりしていてさしづらかったはずである。贅沢品の日傘は、覆いが紫に染められ、金で装飾がほどこされ、インドの象牙でできた持ち手には宝石がちりばめられていたことだろう。

闘技場でどの戦車のチームをひいきにしているかを示すためにパラソルを特定の色に染めさせた女性もいた。このような行事はたいていほこりと熱気につつまれて行なわれると考えられ、そんなときには日差しから身を守ることが望ましいが、傘は雨が降りそうなときにも携行された。日傘や日よけ帽で視界がさえぎられることに抗議した見物人もいて、闘技場で日傘や日よけ帽の使用を許すべきかがおおいに論議を呼び、やがて皇帝ドミティアヌスがその使用を法律で認めた。

コロセウムのようなさらに大きな闘技場の観衆は、場外の柱に結びつけ、おそらくそのほかの柱を支えにした巨大な天幕で守られていた。あるとき、カリグラは自分が催した見世物の評判が芳しくなかったことに腹を立て、天幕を取り払うよう命じ、観衆を灼けつくような日光に何時間もさらした。おそらく、その日は日よけがなんとしても必要な日だったのだろう。

ギリシア人と同様に、ローマ人は女性を口説くのにパラソルを使った。オウィディウスは恋の手管を懇切丁寧に解説し、女性にはあらゆる注意を払うよう勧めている。

女性にパラソルを広げてやること、
人混みをかき分け、女性に通り道をつくってやること。(15)

マルティアリスは、友達のリュグドゥスが会う約束を破ったとき、嫉妬して腹を立てて叫んだ。「リュグドゥスよ、おまえなんぞ近目の婆さんのパラソルをさすがいい。[16]」男性は、自分だけのために傘をさそうものなら、めめしいと考えられた。ユウェナリスは、「おちぶれ者の悲しみ」を、こう記している。

……にやけたやつ、誕生日には緑色の日傘か大きな琥珀の玉を贈ってもらい、初めて雨が降る春の日に、大きな安楽椅子に長々と寝そべり、「女の祭」（三月一日）に受け取った秘密の贈り物を数える。[17]

紀元40年頃にユダヤで発行された貨幣。宗教的な意味は不明だがおそらく豊饒を表わす日傘が描かれている

傘は、ローマ人の支配下にあったユダヤでヘロデ・アグリッパが国王だった紀元三七年から四四年までのあいだに発行されたと考えられる興味深い貨幣（あるいはメダル）に登場した。片面に傘が、もう片面には三本の麦の穂が描かれている。これはユダヤ地方の豊饒を示すか、あるいは麦と傘がどちらもバッコスの属性であることから、バッコス祭になぞらえられる仮庵《かりいお》の祭を意味するという説が唱えられた。[18]この硬貨を鑑定したのは十七世紀の貨幣学者エゼキエル・スパンハイムのようで、硬貨に描かれた象徴の意味については

ヘロデとヘロディアス。傘で王の権威をしめす習慣はアジア、アフリカでよく見られるが、これはそのイタリアの例（3世紀のフィレンツェの洗礼堂）

疑問の余地があると鑑定者本人が認めているにもかかわらず、この所見はそれ以降、定着してしまった。それならば、思うに、この硬貨はユダヤ人や仮庵の祭よりもバッコスと密接な関係があったのかもしれず、ひょっとするとバッコス崇拝者がつくりあげた強力な社会の私鋳貨幣だった可能性がある。仮庵（幕屋）は「青、紫、緋色の毛糸……を使って……垂れ幕を作り……この垂れ幕は……聖所と至聖所とを分ける……」と聖書に書かれているところから、天蓋と傘の先駆けという説も提示された。[19] この説明は、神聖な人間をさらに偉大で神聖な太陽から隠すという、宗教的な傘のもう一つの目的を思い出させる。

悪名高いローマ皇帝ヘリオガバルス（二一八～二二二）もパラソルを愛用し、その治世中に発行されたいくつかの大メダルにはパラソルが描かれている。このような紋章を採用した理由は何であれ、皇帝は幼児期を過ごしたシリアでパラソルをさす習慣に注目し、それが王権の意味合いを持っていることに気づいたにちがいない。皇帝の名乗りをあげるためにローマにのぼった旅はシリアか

（左）パラソルを持つ女性。紀元4世紀のシチリア島のモザイク画
（右）ローマ時代の洗面具——手提げ袋と日よけ

ら始まっており、皇帝となるには疑問のある自分の立場を擁護する象徴として、傘を携えたことは十分に考えられる。

権威者のなかにはパラソルを太陽崇拝と結びついたものと考え、ヘリオガバルスは「征服されることのない太陽神」崇拝とみずから漠然と定義したシリアの異教の、神官の紋章としてパラソルを使ったのだと主張する人もいる。しかも、シリアの神殿の庭に二体の巨大な男根像を建てたのはバッコスだと信じた皇帝は、バッコス崇拝とも関連があった。「ヘリオガバルスは若さと美貌と立派な衣装を持ち合わせており、若き日のバッコスの美しい姿を人びとに思い起こさせた」とヘロディアヌスは記している[20]。ヘリオガバルスが己をバッコスと見立て、それで傘を採用した可能性もなくはないが、その解釈はほかの解釈ほどたしかにありそうなものとは思えない。

服飾用のパラソルはローマでは何世紀にもわたっ

て流行した――それどころか、その使用は今日まで続いているとも言われる。三九九年にクラウディアヌスは、オウィディウスとほぼ同じように、パラソルを「強烈な日光をさえぎる黄金の傘」と述べたが、戦争のときには捨てなければならないと付け加えている。このことから男性が、それも兵隊までが、当時日傘をさしていたと考えられる。(21) クラウディアヌスはまた、奴隷は地位向上に燃えてか、もう乙女たちの頭上にパラソルをかざさなくなるだろうとも語っている。(22)

とはいえ、当時のローマ人はギリシア人が好んだ帽子によく似た、つばの広い帽子ペタススをかぶるのがふつうで、顔に影を作るような髪型にする女性まで現われた。しかし、六世紀になると著者不詳の論文『近衛兵の訓練について』は、総督《プラエトル》の息子だという若者が猛暑の熱で黄疸にかかって死んだのは、いつものように日傘をささなかったからだ、と述べている。このころには、めめしいと見なされる恐怖よりも用心の方が勝ったらしく、傘とパラソルは服飾品として受け入れられるようになっていたが、男女双方にとって必需品ではなかった。

中国では、傘はエジプトとはまったく別個に発達したと考えられるが、日傘をさす習慣は、ここで示したのとはむしろ逆方向に、東洋から西に向かってヨーロッパ、アフリカに広まったとする説がある。たしかに、東洋の傘は、エジプトの傘と同様に、長い歴史があるため、今となっては、世界のどこで最初に傘ができたのか決定するのは不可能で、エジプトが現在優位に立っているのは、その伝説から興味深い点が浮かびあがることが大きな理由で、一つには西洋人に古代中国の知識がほとんどないせいでもある。

とはいえ、ヨーロッパの著作家は、紀元前千年にさかのぼって、傘にまつわる中国のこんな話を記録している。腕のいい大工、魯班の妻が、ある日、夫にこう言った。「あなたはとても上手に家を建てますが、家は動かせません。私が自分で使うためにこしらえているものはどんなに遠くにでも持っていけます」そして妻は傘を作った。

中国では、そのほか、傘《サン》つまり「雨や日差しを防ぐ日傘」は宙で振られる旗や幟《のぼり》に由来すると言い伝えられている。絽傘《ロサン》や進朝《ジンチャオ》と呼ばれる絹の傘は、古代の行列で使われた。旗さながらに何百本ものパラソルが列をなして練り歩くのは、帝国時代の中国で人気のある習慣だった。紀元前十一世紀に書かれた古代の『周礼』すなわち周の作法には、儀式用の馬車に、蓋《ガイ》を置くべしと書かれている。これはその記述からしてパラソルと考えられる。その構造は、二十八本の弧つまり湾曲した骨の上に絹製の、あるいは羽で飾られた覆いがかぶせられていた。支柱の周囲は八分の三中国尺（約十センチ）あり、下の方は十分の六中国尺で、棒は一部望遠鏡のように伸縮できた。

東洋の技術は西洋よりもずっと進んでいたらしく、朝鮮の楽浪で、折り畳み傘の支柱が王景の墓（紀元二五年頃）から出土している。ほぼ同じころ、王莽の儀式用四輪馬車には輝凱《フィカイ》つまりパラソルが取りつけられ、パラソルは秘機《ビチ》と呼ばれる秘密の仕掛けで折り畳むことができた。[23]

紀元一世紀の中国の絵画には、平らなパラソルが描かれている。このパラソルは明らかに敬意を表わすもので、位の高い人びとにさしかけられた。また、風神、雷神の戦車にその属性をたたえて取りつけられたもっと大きな日傘が描かれている。実用的なパラソルはこのころに取り入れられたらしい。油紙と竹製で、この材料は現代でも使われている。最初は召使いが主人に日傘をさしかけたが、人びとが自分の傘をさすようになったのは五世紀と考えられている。

第二章　インドと東洋の傘

インドでは、傘は二千年以上にわたって敬意の象徴で、今日にいたるまで儀式できわだった地位を維持してきた。浅浮彫りに描かれた大昔の傘は、アッシリア人が好んだ傘にそっくりである。チャトラ・パティ、すなわち傘の君主はおそらくペルシアのサットラパスから転化した称号で、プーナとサッタラを治めたマラータ族の王に与えられ、ラージャやマハラージャの称号よりも尊ばれた。

ところが、ペルシアよりもさらに遠い西方の影響を受けた証拠がある。インドの大神ヴァルナはアボーガと呼ばれる傘をさしている。これはコブラの唐傘状の襟から作られ、ほかの神々と結びつけられる傘が日傘だったらしいのとは対照的に、水を通さないと言われている。ヴァルナは空の化身、豊饒の神で、雨を降らせる。こういった性質から、一章で述べた神々にも似たところがある。

また、ローマ皇帝ヘリオガバルスが崇めていたと思われるペルシアの太陽神ミトラのインド版ともいえる。

ヴィシュヌ神は第五化身でこびとに姿を変えて地獄へ下りたときに、ヴァルナ神の傘を借りた。インドの神々をバッコスと比較する研究では、この伝説は、少年のバッコスが傘をさし、付き物のイルカに乗って深海に下っていこうとしている姿を描いた『地獄へ下りたバッコス』と題される場面になぞらえられている。(1) ヴィシュヌ神は、またべつの姿となった第六の化身で、セイロン王ラーヴァナと戦い、椰子の枝を持った勇猛な猿軍団の力を借りたが、この話は、バッコスが葡萄の枝を持ったサテュロスの軍団を率いてインドに侵入した話とただちに結びつけられる。インドの傘に神話的な起源を求めても、せいぜいバッコスが訪れたときに紹介したという程度のことしか主張できない。

たしかに、インドの神話とほかの国の神話とのあいだには、なるほどと思わせる関連性が少なくないが、関連する神話や伝説やさまざまな神をどんなに綿密に調べても、自信を持ってはっきり言えるのは、傘がたいていは、豊饒やときには収穫をつかさどる神と結びついているらしいことくらいで、この結びつきは傘が天を象徴することに由来するのかもしれない。豊作になくてはならない雨も日光も天からやってくる。

インドの人びとは紀元前数世紀に、傘をもっと一般的な尊敬の象徴と考えるようになり、仏教徒は白い傘で自分たちの神をたたえるのにとりわけ熱心だった。多くの彫刻で、宙に浮いているようなパラソルは、姿は見えなくても釈迦がいることを意味し、南インドの初期仏教美術の中心地の一つアマラーヴァティーにある大出家を描いた浅浮彫りにも見られる。いくつかの芸術作品でも、釈迦は姿を現わさず、そのかわりに輪や玉座のような宗教的な象徴で示され、それがパラソルの陰に隠れていることが多い。傘は、釈迦の足跡に描かれ、しばしばお守りに使われる八つの宝の一つである。今日でも、手に傘の形のあざがある女性は幸せになると考えられている。

あまたあるジャータカ物語〔古代インドの仏教説話集〕のなかに、釈迦が紀元前六世紀に生まれたとき、ブラフマー神が釈迦の頭に白い傘をかざしたようすを語る話がある。ほかの言い伝えでは、このときに、母の摩耶は沙羅樹の枝を持ち、釈迦が腹の右側から痛みもなく生まれたことが詳しく述べられている。このため、サーンチの有名な仏塔の彫刻では、沙羅樹自体が傘に守られている。

敬意を表わす三重の傘の天蓋の下に座す釈迦像。ハイデラバード州エローラの洞窟より

サーンチ仏塔群の浮彫り。紀元前2世紀末*

大昔にインドの王は西洋の王と同じように傘を取り入れた。頭の中にほぼ同じ象徴を思い浮かべもしたのは、カーリダーサの『シャクンタ―ラ』(紀元三五〇年から六〇〇年にかけての作品)第五幕の一節に述べられているとおりで、ドゥシャンタ王は次のように語っている。

君主は国を治める憂いに悩み、その一方で、民の幸せを眺めて元気づけられる。自分の手で柄を持つ大きな傘が疲れの原因となってても日陰をつくってくれるのに似ている。君主は、枝をはる木のように、頭に焼けつくような太陽を浴び、その一方で、大きな日陰は君主の下に庇護を求める人びとの熱をやわらげる。

数世紀前に行なわれた王家の葬儀の記録によると、遺体はしばしば白の日傘で飾られ、「ありとあらゆる楽器が鳴らされると、何千、何百という群衆が、亡くなったコウロウの若者に敬意を表して、いくつもの大きなうちわと白の日傘と絢爛豪華な長衣を捧げた」(2)。ここでも、王家の習慣は釈迦の先例にならっている。釈迦の亡骸は、紀元前四八七年頃にクシナガラで行なわれた葬送の行列で、天蓋と傘で守られていたと言われる。

このような葬儀で使われる日傘は、亡き君主をたたえるためのものだったが、同時に、重要な弔いの意味もこめられていた。ペルウットゥムでは、リンガ(男根の象徴)と牡牛を描いた彫刻に日傘が描かれている。牡牛は生産の象徴で、この組み合わせは、破壊と再生をつかさどるシヴァ神を意味する。

傘は、墳墓建築で顕著な役割をはたすときには、程度はさまざまながら、死者が昇っていった天をも表わしている。インドの西海岸には、コーダ・カル、すなわちその形から傘石と呼ばれる墓の例が少なくない。これは、地下にある墳墓の入り口をふさぎ、死者が天上での来世にふさわしいと認められたことを示して死者をたたえるものである。コーダ・カルという名は、この地方で見つかった似たような記念碑にもつけられる。石が荒く削られた一つあるいはいくつかの岩に載せられており、墳墓というよりも死者を追悼するものらしく、考古学者はその下からなにも発掘していない。およそ千年前、バンガロール周辺の寺院の墓地では、石でできた傘が、高貴な人の記念碑として建てられた。ときには墓のそばに木の傘が置かれているが、それよりももっとりっぱなものに値する人ということだろう。同じような石は千六百キロ離れたビルマ〔現ミャンマー〕でも見つかっている。

多様な宗教を持つインドの部族は、弔いの儀式で傘を崇める習慣を守っている。とくにニルギリのコータと呼ばれる人びとは、低いカーストのヒンドゥー教徒で、近隣の部族のために鍛冶屋と楽士を務めている。誰かが死ぬと、仲間が数段建てのみごとな霊柩車をこしらえ、それが行列の中心となる。儀式の傘もあり、現代では、しゃれた実用的な傘も車に取りつけられる。遺体そのものは、南インドでパンダールと呼ばれる天蓋で覆われる。全体としてこの風習は少なくとも紀元四世紀にさかのぼる。

弔いの象徴として傘を使う習慣がどこよりも広く行き渡っているのは「仏塔《ストゥーパ》」、つまり釈迦の埋葬の記念碑と記念の霊廟で、シンハラ族のあいだではダーガバと呼ばれ、かつてインド在住のイギリス人が「トープ」と名づけたものである。シンハラ族の年代記『マハーヴァンサ』には、紀元前七七年頃のマハートゥーパつまり大仏塔の建造と奉納のようすが描かれ、ドゥッタガマニ王が次のような言葉を添えた自分自身の儀式用の傘を仏塔に納めた話が記されている。「我は三度、世界の救世主、聖なる師、三重の天蓋を運ぶものに王国を捧げる。それは天の主の天蓋、命ある者の天蓋、そして永遠の解脱の天蓋である。」王の傘は一週間そのまま仏塔に置かれ、そのあとは、後を継ぐ統治者が華麗な装飾をほどこした木の傘に取り替えた。

スリランカの元考古学会理事A・H・ロングハーストは、傘が仏塔と密接に結びつけられるようになったのは、インドのアショーカ王（紀元前三世紀に仏教を国教として確立した人物）の治世だと主張している。このころから、チャトラ・ヴァリ、チャトラあるいはチャッタ（後者はインドでふつうの日傘の名となっている）などさまざまな名のついた、真鍮と石でできた傘が、仏塔につけられた。しかも、高価な捧げ物をのせるこの傘型飾りをはずさない限り、手出しができないように、つける場所に気を配った。このように、傘は王室の庇護と承認の象徴だった。ロングハーストは複数の覆いを持つ傘が引き続き使われて何段階かの進化をとげたことも記録している。

サーンチの美しい浅浮彫りには、三本から五本の傘を重ねたもののほかに、単層、二層、三層の天蓋で覆われた傘が載っているものなどいろいろな仏塔が見られる。しかし、このころにはまだ、円盤をピラミッド型に重ねるという定型はできあがっていない。それが全体を象徴すると認められるようになるのはあとのことである。このように、石や金属の円盤をピラミッド型に重ねて敬意を高めていくという原初の考え方がやがて仏教建築に多大な影響を及ぼし、中国と日本で見られる幾層もの塔となって開花するのである。[3]

やがて、仏塔の頭頂部を形づくる一群の傘は、のこぎりの歯のような飾りが縦にならぶ固い石の相輪にとって代わられた。しかし、この様式も中間の段階も、同じ意味を保ち続けた。ディートリヒ・ゼッケルはこの象徴性を『仏教芸術』の一節で次のように説明している。

　仏塔のテラスと層と傘、パゴダの頭頂部の段と輪は、たがいに上に積み重なっていく宇宙の球層

仏塔の模型。ドームの頭頂部に天を表わす4つの傘がある

インドの仏塔。頭頂飾りが初期の傘型のもの(左)と発達して相輪になったもの(右)

を表わしている。これは神々と菩薩の球層で、宇宙的存在の段階であると同時に、ブーミつまり地上的な段階でもあると解釈されねばならない。すなわち意識、瞑想、解脱、そして悟りという段階である。現世の感覚で見れば、これはあがないにいたる道の一連の段階で、究極的には時間と空間の限界を超えたかなたにまで達するのである。このように、仏塔あるいはパゴダは世界の山スメールという古代インドの宇宙観を継承している。スメールは宇宙の柱あるいは木という広く行き渡ったイメージと結びつくもので、さらに宇宙の木は、「知恵の木」に等しいと考えられる。この宇宙の軸は……いくつかの建造物では……傘のある柱で表わされる。この象徴には重要な意味が結びついているから、パゴダを建てるにあたっては、心柱を中心に保つのに細心の注意が払われる。(4)

インドと実質的にはアジア全域に傘を使う習慣が広く行き渡ったのは、もともと宗教的な意味があったせいかもしれないが、傘の重要性は、篤い崇敬の限界をはるかに超えて広がっている。たとえば、インドの有力者は高い身分をほのめかすものとして熱心に傘を使用し、なかには、傘を自分たちだけの特権にしてしまったものまでいる。その一人はムガール帝国皇帝で、「儀式用の日傘《キッタソル》は、皇帝に陰をつくるために、二十本は用意すること。皇帝を除き帝国のなんびとも、陰をつくるためにいかなる傘もさすことはまかりならぬ」(5)という記録がある。

インドがイギリスに征服される前は、公式行事でうっかり傘をさしたヨーロッパ人は重大な罪を

敬意を表わす傘を従えたシャン族の諸族長。1911年、インドにて

犯したことになり、支配者の特権が損なわれることを気づかう現地人から危険な目に合わせられることもあった。その一方で、デイヴィド・ダイス・ソンバーはヒンドゥスタンにあるシルダーナの王妃の息子かつ跡継ぎとして養子になったとき、紋章に王室の傘を入れることを許された。それで、ソンバーがイギリスで使った紋章には傘が描かれているのである。ソンバーはイギリスで下院議員に選出されたが収賄で議会から追放され、狂人と認定されて一八五一年に死んだ。

コーチンのラージャは郵便切手の印刷用紙にもこの象徴を取り入れ、シートの一枚一枚に大きな傘の透かしが入っていた。のちには、切手の一枚一枚に小さな傘の図案が描かれた。独自のパラソルの意匠を苦心して考案した支配者もいる。ナグプールのマハラージャがかつて持っていた傘は、骨が十六本、絹を張り、金と銀の飾りのついた壮麗なもので、持ち手と柄に銀メッキがほどこされていた。十九世紀半ばにドールプールのマハラージャが持っていた傘は、珍しい鐘型で、柄から生地がぶら下がっている。おそらくその独特の形から選ばれた意匠だが、同じような形の傘はそれ以前に中国で知られていた。

外国の国王や元首がインドを訪れて国内を旅するときには、一本あるいは複数の儀式用の傘がつきしたがうのが古くからの習わしだった。傘は訪問者の地位を民衆の目にはっきり示す。イギリス王室でこのようなもてなしを受けた皇族は少なくない。プリンス・オヴ・ウエールズ（皇太子）は一八七七年にインドを訪問したときに、しばしば金色の傘のお供がつけられ、二十本におよぶ壮麗な傘のコレクションを持って帰国した。オウドの王妃から贈られた傘はいちばん高価で、青い絹が張られ、金糸の縫い取りがあり、赤真珠で覆われていた。この絢爛豪華なコレクションには、ほかにも、マッシュルーム型のインドールの公式傘や、青いサテンに金の縫い取りがほどこされ、みごとな真珠で覆われたラクナウの女王の日傘があった。覆いは金箔を貼った紙から珍しい鳥の羽にいたるまでさまざまだったが、枠には、どれも同じく長い持ち手がついているのがふつうで、持ち手は着色した木に金銀の象嵌細工がほどこされたり、象牙に美しい彫刻がほどこされたりしていた。（プリンスが訪問する数年前の一八七四年に、このように壮麗な日傘の使用を許されていた戦争好きの支配者が、特権を利用して、「傘」と書かれた札を貼った荷物をインドへ輸入したことがあった。役人は国家の標章が入っていると思い検査しないで通関させるだろう、とたかをくくったにちがいない。ところが、その実、ターナの当局が荷物の中に見つけたのは、二連式銃と八十キロの火薬だった。）

王室の傘の製造業者はかならずしも現地人でなく、ロンドンやパリの一流会社から来たヨーロッパ人もおり、あらゆる型の傘の大きさや製造についてユクティ・カルパタルーに定められた細かい規則はとうの昔にわからなくなっていた。カナカ・ダンダと名づけられる傘は、白檀の枠に金がはめ込まれ、純白の生地に金の縁取りがほどこされていて、もっぱら貴人が使うものだった。王子には金の縁取りのある青い布でできたプラターパを使用する資格があり、国王は特選の木の柄とえり抜きの竹の骨と緋色の布を使ったプラサーダを受け取るのを誉れとしたようである。しかし、なによりも重要な傘はナヴァ・ダンダで、戴冠式や皇族の結婚式など最高の国家行事用に指定されていた。枠は純金製で、ルビーの持ち手にダイヤモンドのノブがついていた。生地は極上の絹で、三十二粒の真珠を通した三十二本のひもの輪で縁取られ、全部で千粒以上の真珠があしらわれていた。

今日のインドでは、傘をささなければ誰にも注目されないような人の威厳を高めるために、しばしば傘がさされる。一六八七年にさかのぼると、マドラス管区（インド人とイギリスの自由市民が混在）の議員は権威のしるしに「ケティソル kettysol」をさしてもよいと決められた。「ケティソル」は、ポルトガル語のキタソル quitasol つまり日傘が変化した言葉の一つである。タミル人はとりわけ傘の象徴性を強く意識しており、テルグ語を話す人びとと同じく、次のような諺がある。「幸運の女神がほほえみかけると、いやしい男は傘を注文して真夜中に届けさせる。」（男は自分の新しい地位を知らせたくてたまらないのである。）

傘はインドの数えきれないほど多くの祭や祝い事で重要な役割を演じている。その一つ傘踊り《クダイクットゥ》では、戦の神スブラフマーニヤが悪魔スラパドマースラを殺し、勝利の踊りを披露する。行列でもっとも重要な人物の一人は、神の傘持ちに扮し、パラソルを持って飛び跳ねる。これは宗教色よりも伝説色が強い。祝い事で使われる傘は、覆いがドーム形か、あるいは、むしろ上部が車輪のような平らな形をしている。枠は木でできており、色のついた布か絹が張られ、縁取りがあしらわれ、ときには頭頂部に真鍮か銅の飾りがつけられる。覆いは直径が一・五メートルかそれ以上、柄は長さおよそ二・五メートルに及ぶ。いずれの型もガンダーラの二世紀の彫刻に見られるように、長年の間にほとんど変わっていない。

カルカッタ近郊の山岳部族サンタル族には、春になると、柱を立て、先端に傘をつけて花輪で飾り、崇拝を表わしてそのまわりで踊る習慣があったことが記録されている。(6)「柱」は皮をはいだ沙羅樹だったかもしれない。そういう柱が似たような傘祭《チャトゥパラブ》でも使われている。この祭はドラヴィダ語を話す北部の部族が米作のために豊富な雨を必要とするときに行なわれる。F・B・ブラッドリー＝バートは、著書『インド高地』で、豊饒を主題とする変奏曲の一つとしてこの祭について述べている。

枝を切り落とされた丈の高いしなやかな沙羅樹が、けばけばしい金ぴかの紙で大ざっぱに作られたたくさんのちっぽけな傘を支えている。そして、参加者の興奮した叫び声につつまれて、傘は全部いっしょに高くかかげられ、沙羅樹の幹はしっかり地面に垂直に固定される。幹がゆっくりとその場に落ち着くのに合わせ、参加者はてのひらいっぱいにちりや土をひろい集めて、傘に向かって投げつけ、歓声や笑い声をあげながら、メイポールをまわるように、しばらくそのまわりで踊る。そのあいだに男たちは宙返りや体操やアクロバットのような技を披露する。米で造った酒が大量に飲まれ、祭は終わる。(7)

傘はインド各地の婚礼の行列、とりわけヒンドゥー教徒の行列で人目を引く。通常は参列者が大きな儀式用の傘をさすことになっているが、北部地方とネパールでは、花婿自身がふつうの大きさの、豪華な装飾がほどこされた傘を持つことがある。傘があるのは、花婿と儀式に威厳を添えるた

てっぺんに傘をつけた沙羅の木をあがめる19世紀のサンタル族

ヒンドゥー教徒の婚礼で象徴的な傘の下にいる新郎新婦

めというのがいちばんよく挙げられる理由だが、ほかの秘められた意味合いとして、おそらく長いあいだ忘れられている、実り豊かな結婚への願いもこめられているのだろう。

敬意を示すパラソルはけっしてインドの原住民に限られたものでなく、オランダ人ヤン・ホイヘン・ファン・リンスホーテンが一五八〇年代に制作した版画には、西海岸のゴアにいたポルトガル人入植者がかならず日光から身を守っていたようすが描かれている。入植者たちは重いパラソルをさしながらよろよろ歩く召使いをしばしばお供にしたがえていた。パラソルは棒の上に平らな円盤をのせた当時の実用的な傘アフタブ・ギヴとくらべると、必要限度を超えて持ちにくそうに見える。たとえば、ゴアの奴隷市場では、ヨーロッパ人は奴隷や商品を吟味して歩きまわり、それからたぶんお茶を一服ということになるのだろうが、そのあいだずっとパラソル持ちがつきしたがった。市場の開催者は傘立てを用意して一時的に傘を預かったり、あるいはもしかすると、予想以上に日差しが熱いと感じた客に傘を貸したりもしたのだろう。

たしかに強烈な日差しからなんらかの形で身を守る必要があっただろうが、ゴアは成金の天国で、たいていの労働を奴隷にさせたから、入植者はあきらかに傘を地位の象徴として取り入れていた。ここでは下級兵士でもたいそうな肩書きを持つことができた。没落貴族は下宿屋に集まり、外套や傘や召使いを予約する。代わる代わるにびしっとめかしこみ、それなりの護衛をつけて町にくり出そうという寸法だった。

たとえば一五九〇年代にド・ブリー兄弟が制作した当時の版画は、この習慣を、「通りにお出ましする並のポルトガル人」といった題で揶揄し、もったいぶった商人がティレソルあるいはティラソルと称する日傘で嬉しそうに身を守っているようすを描いている。リンスホーテン作の一枚の版画は、原住民の漕ぎ手を二十人以上も載せて商品を運ぶ小型船が主題で、ポルトガル人の監視員が片手にパラソルを、もう一方の手に棍棒を持って立ち、船尾にはもう一本、円錐形の傘が立てかけられている。

インドにいたポルトガル人女性も傘を取り入れた。奴隷のお供なしに外出するような無謀なまねはせず、奴隷のうち一人は女主人を日差しから守り、主人の名声をひけらかすために日傘をさしかけた。これらの女性はのちに傘を携えてポルトガルに帰国し、傘はたちまち服飾の習慣として根づいた。

ポルトガルの船乗りも、商業航海でインドを超えてさらに東に向かうとき、装備に傘を入れたが、傘は儀式のさいに、あるいは地元の有力者への贈答品として、訪れたほとんどすべての地域で役に立った。一五四三年に中国に向かった船団の一隻が航路をはずれて日本の海域に流され、船長は日本の当局と和睦を結ぶために上陸しなければならなくなった。船長は畳んだパラソルを持った傘持ちを供にしたがえ、上陸するとすぐにパラソルを開いてさしかけさせ、自分の地位を強調した。

ところが、インドより東のベンガル湾の向こう側にある国ぐにでは、傘はヨーロッパ人がやってくる何世紀も前から知られていた。この地域では傘を使う習慣に中国とインドの両方の影響がはっきり見られるが、大昔の傘やその起源、用途については、広い地域で最高位の人の特権と考えられていたこと以外、ほとんどわかっていない。

とはいえ、仏教の東進によって傘が宗教にかかわるものとしてその地位を固めたことはまちがいなく、またそういうものとして、傘は二十世紀にいたるまで東アジアで大きな重要性を持ち続けているのである。チベットの寺院では、大型の絹のパラソル、ドゥが今でも祭壇につるされている。バングラデシュのチッタゴン周辺の地域では、パラソルは長いあいだ教会の特権と見なされてきた。ムーグ派の最高司祭にとって、傘は力を示す第一のしるしだったが、その一方で、さまざまな地域のそれぞれの下級聖職者もまた、パラソルを持つ特権を与えられた。

アジア全域の国ぐにのなかでも、ビルマとシャム〔現タイ〕は主権の象徴として傘に最大の敬意をはらってきた。ビルマのある国王は五人の息子の中央に傘を立て、国王にもっともふさわしい息子に向かって傘が倒れるようにと祈って跡継ぎを選んだ。オウサナー王子はこのようにして選ばれ、やがて一二一一年に国王になると、ティーローミンロー、「傘が玉座につけた王」の名で知られた。帝国時代のビルマの古都アヴァのかつての支配者の誇らしげな肩書きは、「白象の王にして二十四本の傘の主」だった。一七六九年十二月にビルマと清の間で結ばれた条約には、「太陽から下った帝、西方の王国で傘をさされる多数の首長を統《す》べる君主と、中国の黄金の宮殿の主人、偉大な東方の王国で傘をさされる多数の首長を統べる者」とある。

国王の従臣には王室の白い傘を持つ傘持ちが四十人いて、これらの人びとは交代で宮殿での務めにあたった。白い傘は忠誠のシンボルで、公式行事では八本の傘が国王につきしたがった。傘はそれぞれ高さおよそ五メートル、幅およそ二メートルあり、持ち手には金をちりばめた宝石で豪華な装飾がほどこされていた。インドでもそうだが、外国人が日差しをさえぎるのに白の日傘をさし、そのために王家の特権を侵害したかどで面倒なことになった例は少なくない。違反は大反逆罪で、死刑に値した。

王妃はこれらの白い傘のうち一本だけが認められ、それゆえ、受ける特権は聖なる白象よりも小さかった。白象はパラソル六本の栄に浴し、王室の葬儀では一本の傘をさしかけられる特権さえ与えられた。国王や王妃や白象ほど重要でない人びとには金色の傘の使用が許され、皇太子にはその八本がつきしたがった。国王はそのほかの皇族や高官や寵臣に傘を何本許すかを決めた。一八六七年にイギリス人居住者のフィッチ大佐と妻にそれぞれ二本の金色の傘が与えられたときには、大きな名誉と考えられた。

二本の傘が夫妻に与えた地位は、仏教で最高の階位を受けるためにセイロンからはるばる長旅をして一八〇二年にアマラプラに到着した六人の僧侶と等しかった。町はその到着を盛大に出迎え、僧侶たちは威風堂々たる象の背にしつらえられた黄金の駕籠に乗り、一人ひとりに壮麗な金色の傘をさす二人の召使いがつきしたがった。（ちなみに、傘は壮麗さと地位の象徴であるだけに、仏教の僧侶が姿を目立たなくするときにも使われるのは興味深い。人前に出るときには、僧侶は通行人から顔を隠すために、ときには椰子の葉で作った扇形の大きな傘をさす。）

ビルマでは幾層にも重ねた傘で戦闘用の象を飾る。それは、まちがいなく、絵に描いたような光景だっただろうが、強い風が吹くときには問題があったにちがいない。ときには敵となったシャムにも同様の風習があり、現に、傘は十九世紀の終わりまで、いずれの国でも、とりわけ皇室で、ほぼ同じような使われ方をしていた。ところが、一八八五年にビルマのティーボー国王がイギリスに降伏してアラウンパヤー朝が終わると、傘に変化が起きた。美しい壮麗な傘は姿を消し、それまでこの国で作られていた色とりどりの絹の傘は見捨てられ、陰気な黒の、質の悪いイギリスの傘がとって代わった。

しかし、シャムではけがれのない皇室の傘が今日にいたるまで国家の標章のなかで重要な品となっている。皇室の玉座室ではいまでも、フランスからシャムの宮廷に遣わされたシモン・ド・ラ・

ビルマの公式傘（19世紀）

国王が寵臣に与えた
シャムの傘（17世紀）

ルベールが一六八七年に記した配置がそっくりそのまま見られるだろう。ラ・ルベールは、国王の謁見室で見られる調度品は三本の傘だけで、中央に九層の傘、その両脇にそれぞれ七つの日よけのある二本の傘が置かれていると述べている。ラ・ルベールはシャムの傘には自国の天蓋と同様の意味があると考えたが、それは正鵠を射ている。[8] 同じ時代に、タラポワンと呼ばれたシャムの仏教修行僧の集団は椰子の葉を畳んで茎が持ち手になるような傘を持っていた。その一世紀前にイギリス人ラルフ・フィッチは、タリポワは「夏には日差しから、冬には雨から身を守るために、大きなつばの広いソンブレロ、つまり日影を手に持っていた」と述べている。[9]

贅沢に宝石をちりばめた現代の王室の傘は、豪華な刺繍がほどこされた重い日よけがとりつけられ、無数の宝石と金の飾りがちりばめられているので、数人がかりでささなければならない。威厳の象徴としての傘は、シャムの勲章の中でも目をひき、シャム国白象勲位首飾り章はとりわけみごとである。この首飾り章は各国国王夫妻と跡継ぎだけに限定されるもので、ヴィクトリア女王やエドワード七世、ドイツ皇帝などに贈られてきた。首飾り章の装飾は、中央に霊廟を運ぶ白象が描かれ、その両側に九本の傘を重ねたピラミッドが二基づつならぶ――これは最高の栄誉を表わす。こうして、三十六本の傘にこめられた尊厳が聖獣とその荷物に付与されているわけである。

ビルマでも慣習になっていることだが、シャムの国王も寵臣に傘を贈ることがあり、寵臣はこの飾りを人望の目安にする。来訪した高官にそのような名誉が与えられることは珍しくない。アメリカ大統領の未亡人ジャクリーン・ケネディ夫人は一九六七年にこの国を訪問したときに、儀式用の傘をさす特権を与えられた。

シャムでは、色白が美人の証拠とされているにもかかわらず、近隣の国ぐにとくらべて、実用的な傘やおしゃれ用の傘は一般大衆にこれまで人気がなかった。とはいえ、市場では陳列されている商品が大きな日傘で保護され、手作りの個人用の傘が生産されているのもこの国である。個人用の傘は、糊も釘も使わずに巧みに編まれた竹の枠に、あざやかに赤く染められた手漉き紙が張られている。傘を持って鼻高々の人なかには、自分の傘を大切にするあまり、にわか雨が降るあいだ服の下に入れて守る者もいる。

カンボジアとラオスとベトナムでは、傘はいつもシャムと同じ使われ方をしてきた。現在はベトナムの一部になっている安南《アンナン》では、十九世紀の儀式用の傘は目の細かい竹細工の枠に黒と赤のつや紙を張って作られた。国王が象に乗って進んでいくときには、たいていは三層になった傘を持つ召使いがつきしたがった。安南の役人にも傘をさしかけられる権利が与えられたが、許された層の数は地域と階級によってさまざまだった。フエではたったの一層しか認められなかったが、ほかの地方ではその数はもっと多かった。

一九六〇年代のラオスとカンボジアの国王は、いずれも、王室の傘を維持することで何世紀にもわたる国の習慣を守っていた。一九六一年四月に行なわれたラオスのシサヴァンヴォン国王の葬儀では、二十世紀でも指折りの壮麗なパラソルが見られた。王の霊柩車の前後には白の日傘が並び、金粉を塗った火葬用の薪を十二本の七層の傘が取り囲んだ。

コロンブスが航海する何世紀も前に、敬意を表するためのパラソルが東南アジアのこの地域から太平洋を渡ってアメリカ大陸に広まったと考えるのには、れっきとした理由がある。メキシコのチチメカ族の十四世紀の王キナツィン四世は、即位するとすぐに四人の人に一本の傘（おそらく天蓋）をさしかけさせて国内を視察したと言われている。ウトゥラトラン族には傘の層で位を表わす制度があり、四層は国王、三層は跡継ぎ、二層は上官、一層は副官を示した。

ゴードン・エルコム博士はアメリカ自然史博物館で考古学部副部長を務めていたとき、パラソルがアメリカのマヤ族とアジア人を結びつける重要な鍵になると考え、スペイン人がやってきて影響をおよぼすはるか以前に旧世界と新世界が接触していた証拠を示した。博士はほかの類似点も考えあわせ、次のように見ている。

……アステカ皇帝の宮殿や宮廷の記述を読むと、東南アジアに通暁している人ならかならずやビルマやシャムやカンボジアの宮廷に思いをはせる……ヒンドゥー＝仏教に帰する文化がメキシコに影響をおよぼした可能性から……いにしえの時代に東南アジアとアメリカのあいだでなんらかの双方向の行き来が存在したことがうかがえる。(10)

シャム型の傘は地球を半周してアメリカ大陸に伝わったかもしれないが、隣国のマラヤには到達しなかったらしく、単層の黄色の傘を王室の象徴としてマラヤに持ちこんだのは中国人だと一般に考えられている。マライ人のスルタンのなかには中国の王女と結婚した者もいて、公的な場ではどちらかというと質素な傘を使うようになった。たしかにこの地域で使われている実用的な傘は中国の意匠に基づき、竹の骨に光沢のない油紙が張られ、軽量だがつくりは雑で、日本の傘ほど美しくもない。それでも、このお粗末きわまる傘が原住民の間で昔から大切にされてきた。

J・D・ヴォーンは一八五〇年代に海峡植民地について次のように記している。

この国では、曇っていても、太陽が少しも出ていなくても、何百人もの中国人が傘を広げて、てくてく歩く姿が見られる。夜が更けても、傘は用心深く開かれたまま頭上にかざされている。いちばんかっこうがいいのは真っ白なバジューという長い上着と絹の傘であるらしい。身分の低い有名な男が白のバジューに身を包み、傘を持って、法廷の証人台に進み出るのは見るからにおもしろかったが、男はおそらく傍聴人に自分のりっぱさを印象づけるためにバジューと傘を借りてきたのだろう。(11)

傘にはこのような見栄がつきまとうため、マラヤの少なからぬ地方では地下の洞窟に入るときに傘を外に置いておくならわしがある。原住民は、たとえ閉じてあっても傘を持って入るのは無遠慮きわまりなく、守護神の尊厳を傷つけると考えるのである。ちなみに、マラヤでも、婚礼で花婿に傘がさしかけられ、葬儀では漢字が書かれたしゃれた黒の傘が人目をひく。

インドネシアでは、傘崇拝は、今ではアジアのほかの国ほど顕著でないが、敬意を表わすパラソルはいくつかの古い彫刻に描かれている。おそらく仏教の影響を受けた結果だろう。オランダ人は一五九五年に初めてこの地域にやってきたとき、おびただしい数の実用的な日傘に強烈な印象を受けたらしく、当時の少なからぬ挿絵に描いた。ほかの国の人びと、なかでもとくにポルトガル人とイギリス人は、儀式用のパラソルに目を奪われ、航海のみやげ話に登場させた。

この時代のインドネシアの少なからぬ君主が傘をかかげさせ、バリ、テルナテ、バンタムの国王はみな、威光を示すこの象徴を非常に重く見ている。バンタムの元首は贈りものを「豪華なティエラソル」で覆っておくよう求めていた。ジャワでは、一時期、高官の階級が六色の傘で示されたことがあった。この習慣は便利だったのにほとんど定着しなかったが、王室の特定の色を守っている国もいくつかある。これもまた、中国の影響がうかがわれるところで、中国ではかつて、持ち物としての傘の色どりに大きな注意が払われていた。

ボルネオでは首長の墓が七層の傘で飾られ、ドゥスンの部族民はいまだに、木の霊廟の上にふつうの意匠の傘を開いて載せる。部族民は傘が死者の魂を湿気から守ると信じているそうだが、傘の持つ弔いの象徴性が広く行き渡っていることを考えると、もっと深い意味があってもよさそうである。ボルネオ島の支配者も傘を公務の印として使った。ブルネイのスルタンは、現在でも、白い房をあしらったしゃれた傘を公式行事でさしかけさせる。傘の天蓋はブルネイ王室の紋章でもある。

ニューギニアはインドネシアと地理的に近いことから、よく見られる傘を使う習慣がここでも取り入れられたのではないかと予想されるのだが（東に五百キロ足らずのテルナテの十七世紀の支配者は王室用の傘を重視した）、原住民は全く傘をとり入れていないようである。傘と関連のある習慣がたった一つだけ記されている。それは北西海岸で、女性は出産後しばらく外出を禁じられ、いよいよ外出するときは、照りつける日光を浴びないよう頭巾をかぶるか傘をささなければならず、この予防措置をおこたると身内の男性が一人死ぬと信じられていた。この迷信はボルネオのダヤク族の迷信と似ており、ダヤク族は頭の上に傘をさすと悪魔から身を守ることができると考えている。

ボルネオ島の南岸にあるカタンに派遣された二人の宣教師が一八七一年に体験したことから、原住民はたとえ以前に実際に傘を見たことがあったとしても、傘に与えられた特別な象徴性に気づいていなかったことがはっきりうかがえる。

サバイでと同じように、傘は特別興味の対象になり、そのあまりの大きさに私たちは傘を人びとに預けていく誘惑に抵抗できなかった。一本を首長に、もう一本を別の要人に与えたところ、その贈り物のあとに続いた実演はまことに楽しかった。ところが、大問題がもちあがり、たちまち彼らの喜びに水をさした。傘を開いたものの、ふたたび閉じられないのである。私たちはその前に大爆笑につつまれて、傘を何度も何度も開閉して見せていたのに。ついに、運のいい男がそのからくりを発見して、見物人から大喝采を浴びた。(12)

現代でも原住民は傘に関心を持っているが、象徴というよりもからくりとして扱っている。ニューギニアの住民は見かけはおそらく地球上でいちばん獰猛だが、大きなこうもり傘をさして歩く姿は、ちっともこわそうに見えない。

ニューギニア人が傘をありがたがらないのは、およそ三千キロ離れたフィジーに住む同じメラネシア人がかつて宗教的な役割で傘を使っていたことを考えると、ますます謎めいてくる。フィジーでは、傘は国王と国王付きの二人の高位聖職者の特権とみなされ、三人はキャベツヤシの葉で作られた傘で日差しから守られたが、この傘は島ではめったにお目にかかれない品物である。タベウニ島のソモソモで行なわれる宗教的な祭では、リンガ・ヴイという日傘持ちが、椰子の葉の日傘を持って原住民のまわりを踊った。キャプテンクックも、航海の途中で、南洋の島民が傘を使っていたことに気づいたと言われている。いずれの事例も、マライ諸島からの影響が遠い地域にまで及んだと一応考えられるだろう。

現代では、もちろん、白人がフィジーやオーストラリアの別荘で働くニューヘブリディーズやソロモン諸島の原住民に実用的な日傘を紹介してきている。国に帰れば、こういった使用人が身につけたものの中でいちばんの貴重品はカラフルな傘ということになるだろう。それこそ文明生活に親しんでいることを誇らしげに物語る証拠なのだ。

中国では、一章で述べたように、大昔から傘が使われ、西洋の習慣との明白な関連はほとんどなかった。現に、中国で傘を使う習慣にようやく外部の影響がうかがえるようになったのは、七世紀に仏教が根づいてからである。それ以前に、仏教のおしえは東に向かっていた。紀元五二〇年頃、惠生は現在のパキスタンのペシャワールにある大仏塔の銅製の模型を国に持ち帰った。当時の仏塔の頭頂飾りは高さおよそ十メートルの鉄棒に傘を十三段重ねたものだった。一世紀後に大旅行をした玄奘《げんじょう》も同じ仏塔に感銘を受けている。仏塔は釈迦の遺骨を納めたもので、世界の謎の一つに数えられていた。玄奘の時代には、傘の数は二十五にまで増やされ、すでに銅でメッキされていた。広く仏塔《ストゥーパ》全般、とりわけペシャワールの仏塔に想を得て中国の塔《パゴダ》が生まれ、それが初期中国仏教寺院建築の顕著な特徴となっている。いずれも、これまで見てきたように、宇宙を表わし、仏塔《ストゥーパ》が塔《パゴダ》に姿を変えていく過程で、傘は深遠な意味をこめて相輪という形をとった。

仏教の傘と中国の傘はたちまち密接に結びついたので、習慣の発祥地を見きわめるのは困難なことが多い。しかし、中国の葬儀で傘が重要な役割を持つようになったのはおそらく仏教の影響だろう。とはいえ個人用の傘はその数世紀前から故人とともに埋葬されていた。使われた傘の型は故人の地位を示し、官吏の亡骸には青と白の絹に黄色の龍の刺繍がほどこされた傘が墓までともなった。下級官吏は絹の代わりに布ですまさなければならなかった。金持ちが死んだときは、紙と金糸銀糸でできた傘が開いた状態で棺の隣に並べられ、死後三十五日目に故人の娘か身近な親戚がモロコシの茎の枠に赤い紙を張った傘を作り物の紙幣といっしょに燃やした。

中国の傘の礼儀作法は時代とともに変わった。十世紀以前は、青と緑色の絹のパラソルは皇帝級の諸侯に限って用いられ、のちにその特権は皇族の女性が町に出かけるときにまで広げられた。一

○一二年の勅令はパラソルの使用を皇族だけに限ると規定したが、たちまち無視された。それ以降、規則はもっとこまかくなる。明朝（一三六八～一六四四）では、たとえば、地方の知事、あるいは軍の幹部は、二本の大きな赤い絹の傘に先導された。高級官吏の上位四つの位にある人びとは、赤い絹の裏地と三列の襞飾りのある黒の絽《ろ》の傘を使用する権利が認められた。この層のシステムの変形は仏教に由来するとも考えられよう。弱小貴族は二段の襞飾りしか許されなかった。ついでながら、襞飾りと層を混同してはならない。層はシャムで一般的で、それぞれの層は、通常、別の層と離れているが、襞飾りは重なっている。

　上位二つの特権階級は、頭頂部に黒いブリキでできたひょうたん形のノブがついた赤い傘をさした。次の二つの階級の傘には赤い色を塗った木のノブがついていた。五番目の階級は赤く塗ったノブに襞が二列ある青い布の傘しかさせなかった。平民は布や絹を張った傘をさすことが許されず、そのかわりに丈夫な紙でできた傘を使った。紙の傘は、尊敬の目で見られることはないとしても、日差しも雨もさえぎるにはうってつけだった。傘本来の価値がどのくらいだったのかは、一三八六年にこれらの実用的な傘が筆十本、あるいは桃と梨百個と同じ価格だったことから察しがつく。

　時代が下ると、万民傘つまり「一万人の傘」と名づけられた赤い絹あるいはサテンの傘が、評判の高い役人に、その行政上の権威を示すため、そしてその地位と人びとから寄せられた尊敬をたたえるしるしとして、贈られることがあった。柄の長さは三メートル近くあり、ノブは金色で、生地にはしばしば主だった献納者の名が金文字で書き記されていた。このような傘が外国人に贈られる

中国皇帝の婚礼で行なわれた公式傘の行列。
1872年、北京にて

ことはめったになかったが、香港の総督サー・アーサー・ケネディは一八七七年に任期が満了したときに一本贈呈されている。

中国で傘による最高の栄誉を受けたのは、もちろん皇帝だった。通常の儀式では、十二人の傘持ちと二十四人の扇持ちが皇帝につきしたがった。しかし、祺祥の一八七二年に北京で行なわれた同治帝の婚礼の行列は、まことに壮観で、参加者のほぼ全員が幟か三列の襞つきの傘を持ち、色とりどりの幟と傘には龍と鳳凰の刺繍があしらわれていた。行進の最後尾は皇帝の天蓋、黄色の龍の傘で、これは使用されないときには宮殿にたいせつにしまわれていた。帝国の支配者が黄色の傘を使う特権を中国北部とモンゴルのラマ教の僧院に広げたときには、大きな名誉と思われた。

傘は有力者にとってだけでなく、中国の平民にとっても重要で、平民は社会的な地位の高い人びとに負けずおとらず傘をたいせつにした。キリスト教に改宗したある中国人が新約聖書の「わたしについて来たい者は、自分を捨て、自分の十字架を背負って、わたしに従いなさい」という一節を読み、なによりもだいじにしていたものが傘だったから、傘を持って伝道にでかけたとチャールズ・レイは語っている。[13]

かつて傘に付与されていた象徴性と高い地位は、もはや昔と同じ程度には行き渡っていないが、実用的な傘は現代の中国ではかつてないほど民間に普及している。二人で一台の自転車にあぶなかしげに乗って、後ろにいる人が前の人に傘をさしてやる姿はしょっちゅう見かける。また、必要もないのに、あるいはなしですませるほうが好都合なときにも、しばしば傘を高々とさしている。東洋人の気持ちには傘はそれほど重要なのである。

安価な傘はいまだに綿くずから生産された紙で作られているのに対して、上等な傘はカジノキの樹皮の繊維でできた紙が使われている。繊維を細い竹の樹皮と混ぜあわせて煮て、これに炭と藁を加えると、引き裂くにはかなりの力を要するほどじょうぶな紙ができる。生地には色を塗り、漆をかけ、ときには飾りに孔子の格言を書いたりするが、かの有名な思想家の言葉は一九六〇年代以降はともすると毛沢東の言葉に主役の座をゆずっている。西洋人は中国の傘に取り付けられた骨の数に驚かされる。四十二本を数えることもあるが、十二世紀に、傘の製造について権威のある研究書『出礼』の著者が、骨は二十八本が望ましいと勧めている。

十三世紀の百科事典編纂者ヴァンサン・ド・ボーヴェによると、そのころ中国の影響を受けていたタタール人は「小さなテント《テントリオールム》」を好み、乗馬するときにかならず使った。族長と妻は、これをさすのが慣例になっていて、その傘の持ち手はしばしば宝石で飾られていた。その前の世紀には、自由なタタールの兵士はみな、装備品に傘を加えなければならなかった。実際に使用するためなのか、あるいは宗教的ないわれがあるのかは定かでないが、それが思い起こさせる姿は西洋人が抱くタタール人の獰猛なイメージとは妙にそぐわない。

十三世紀の終わりにマルコ・ポーロが記したところによると、フビライ・ハーンは少なくとも十万人を率いる重要な豪族の一人一人に文字の刻まれた金の銘板と、権力を示す手軽なしるしとして、特権を持つ指導者がさす小型の傘を与えた。[14] 数年後、ネストリウス派の中国人修道士マール・ヤワアラハ三世はポーロとほぼ同じ国ぐにを旅して、さまざまな支配者からパラソルを贈られた。シリアの古文書には、次のように記録されている。モンゴルの支配者アバカ王は教会の主教たるマールの地位を固めたいと思い、

……マールにモンゴル語でスコールと呼ばれるパラソルも贈った。パラソルは国王と王妃とその子供たちの頭上にかかげられるもので、強い日差しや雨をしのぐのにじゅうぶん役立つ。しかし、多くの場合パラソルは国王をたたえるために、さしかけられる。[15]

傘を愛好した、もう一つ謎の部族は、カルムク族である。その国で一七二一年に興味深い彫刻が発見され、その後、フランスの古典学者で考古学者のモンフォーコン神父が調査にあたった。モンフォーコンはロシア皇帝の図書管理者シューマッカー侯から、「カルムク族はロシア皇帝陛下の庇

護を受けるタタール人で、シベリアとカスピ海の間からヴォルガ川の東の国に住んでいる」と教えられた。これは今日のロシアの大部分を含むことになる。たしかに、カルムク族はモンゴルとチベットが出身地だが、カスピ海の北西に定住し、一部少数は中国と境を接するキルギスに住み着いた。シューマッカー侯はこの彫刻について次のように書いている。

……馬に乗った人物で、古代の騎馬民族には見られない鐙があり……。馬に乗った人物の後ろで、裸の少年が傘を持ち、主人を太陽の熱から守るために日陰を作っている。馬に乗った人物の前には、非常に小さな男がいて、裸で、年を取っているように見え、手に人間の心臓を持っている。これは何かの謎である。(16)

この小像が発見されたころ、カルムク族は仏教徒だったが、仏教を取り入れたのは十六、七世紀になってからだった。ところが、この傘には傾いた持ち手がついていて、それ以前のものと思われる。ひょっとすると大昔にコーカサス山脈だけにへだてられていたペルシア人から借用したのかもしれない。モンゴルから取り入れられたとも考えられる。モンゴルには、ヒマラヤとヒンドゥークシ山脈の北にある国ぐにと同様に、まちがいなく傘をさす習慣があるが、それは西洋の旅行家の記録にほのめかされているにすぎない。

日本では、傘の重要性は古い時代から認められており、紀元五世紀の古墳に置かれた埴輪と呼ばれる土器のなかに、衣笠つまり日傘を描いたものがある。衣笠はおそらく竹でできた持ち手と枠があり、全面に織物、木の葉、あるいは羽が張られている。故人の階層を強調するためのステータスシンボルだったようである。墓には現物でなく複製品が納められたのは、おそらく現物はなにか公の標章だったために代々相続されたのだろう。

傘は奈良県河合町にある四世紀の〔佐味田〕宝塚古墳から発掘されたりっぱな銅鏡の裏に描かれた村の図でひときわ目立っている。この場面は嵐の前の静けさを示し、傘は悪天候が接近するしると考えられてきた。このように、極東では大昔の傘は雨の象徴でもあり、何千キロも西の彼方にある地域と同様に、豊饒と結びついていたと考えられる(17)。

もともと日本で傘が使われるようになったのは、おそらく中国の影響によるが、仏教の伝来が傘を象徴的に使うきっかけになったとはあまり考えられない。日本に仏教が取り入れられたのはようやく紀元七世紀、国内に仏教をひろめるために聖徳太子が朝鮮の仏師を招いてからである。この伝道師たちは仏教独自の建築様式をもたらしたが、そのころは、複数の日傘を重ねたような相輪が、ときに建造物の頭頂部に載せられていただけで、傘が本来のはっきりした形で建築に表現されていることはほとんどなかった。そのかわりに、日本人は本来の傘のモチーフによって象徴される天を描くのに、垂れ下がった軒や、ピラミッド状に重ねた円盤を使うようになった。

しかし、日本人は、隣国の中国人ほど傘に神秘性を与えることはなかったにしても、何世紀ものあいだ儀式には傘を使ってきた。ただ、その重要性は、割いた竹に質素な紙を張って作った日傘と、こうもり傘つまり西洋の雨傘の区別がなされていることをあげればじゅうぶんだろう。長柄は貴人が騎乗するときにさしかけられ、一方で端折傘《つまおりがさ》は役人、聖職者や宮廷の貴人の紋章だった。十六世紀の秀吉には敵の武将柴田に遠くから矢を放たれて傘の柄が割けたという言い伝えがあるが、そのとき秀吉はおそらくこの端折傘の下に座っていたのだろう。

端折傘の下で花見をする秀吉。『醍醐花見図屏風』より（京都国立博物館蔵）＊

今日では、儀式用の傘が見られることは珍しくなり、それはたいてい壮麗な行列や、あるいは舳《へ》倉島《ぐらじま》のようなもっとひなびた地方である。舳倉島では漁の季節の終わりを祝って八月の末に行なわれる行列で丈の高い赤い日傘がさされる。

傘は日本の芸術の中で特異な地位を占め、数世紀にわたってさまざまな実用型の傘が描かれてきた。これらの傘はしばしば絵画に何らかの特別な重要な意味を与えている[18]。さらに、芸術家は、芸者の置屋が所属する流派を示すための広く行き渡った紋章として、日傘そのものを活用してきた。このような女性が東京の茶屋でそれぞれの色を塗った日傘や扇を持って踊る風習は今でも人気がある。

おそらく日本人は傘を作る技術を中国人から仕入れたのだろう。両国の製品は今日でさえ驚くほどよく似ているが、日本の古い傘製造業者のなかには、いまだに枠全体を一本の竹から作り、花模様の装飾をあしらう伝統的な製法を守っている者もわずかながらいる。最近では日本の製造業者はヨーロッパ人が作る傘に似た廉価な傘の製造を専門とするようになり、ところによっては、国際市場をまさしく傘下におさめている。

傘をさす日本の女性

第三章　アフリカの傘

傘を使う習慣は、アジアではどの方向にひろがったのかはっきりしないが、アフリカでは、ほぼまちがいなく、エジプトから地中海と紅海の沿岸にそって伝わり、それから大陸の東西の海岸を下っていったようである。とりわけエチオピア、モロッコ、西アフリカの三つの地域は、傘を熱心に取り入れたこと、それぞれ独自の使い方があったことで注目に値し、この三つの地域では今日でもいまだに傘崇拝がきわめて強い。

エチオピアでは、皇帝と皇后の双方に瀟洒な公式の傘を使う権利が与えられている。この習慣は少なくとも二千五百年前にさかのぼり、ナスタセン国王が傘の下で即位したという記録がある。紀元一六〇〇年頃、マノエル・デ・アルメイダは、おそらく正確とはいえないが、皇室の「インド

（上）1925年に黄金海岸を訪問して最高位の族長と接見するプリンス・オヴ・ウエールズ時代のエドワード8世

（下）敬意を表わすパラソルをさすナイジェリアの族長。1956年、ラゴスにてから到来した……絹の傘」と述べ、さらに、戴冠式で皇室の傘を担当したアルネスなる役人の名をあげている。ハイレ・セラシエが一九三〇年に即位したときには、たしかに二本の傘が人目を引いた。一本は小型で縁飾りがあり、もう一本はもっと大きいが、いくぶん地味だった。その二日後、皇帝と皇后が王冠を除き完全な正装でアジスアベバの主だった教会を訪れたとき、ふたりのパラソル持ちが随行できるように自動車に追加の座席が設けられた。

エチオピアは、いまでもキリスト教の儀式で傘がきわだって重要な役割を果たす唯一の国でもある。この地の教会はエジプトのコプト教会と強いつながりがあり、傘のこの特別な使い方はコプト教会に由来するのかもしれない。一二〇九年、トゥアの司教キラスは、エチオピア教会の優位を認めるためにアレクサンドリアからやってきたとき、到着すると「国王の皇族」に出迎えられ、皇族に金色の布の傘をさしかけられて宿舎に案内された。(十九世紀の東洋学者プリス・ダヴェンヌは、アレクサンドリアでコプト教会の総主教の写真を撮ろうとしたとき、総主教がエジプト太守から贈呈されたパラソルを開いていっしょに写すという条件付きでようやく撮影を許可された。)

アジスアベバのオールド・トリニティ教会にある聖母マリアの埋葬を描いたフレスコ画には、背景の二本の日傘が目につく。また、いくつかの古い写本には、ダビデ、ソロモン、コンスタンティヌスといった君主に傘がさしかけられているようすが描かれている。傘がいっしょに描かれたのはけっして時代錯誤でなく、画家がその人物の支配力や気高さを象徴しようと意図したと考えられる。

儀式用の傘は、エチオピアで行なわれる宗教的な騎馬行列でも大きな役割を演じている。聖職者と十字架のそばでさされ、じっさいに日陰をつくるために直接頭上にさしかけられることもあり、ときには傘自体が行列になくてはならないものとなっていたようである。みごとな細工をほどこされた銀の十字架か聖人の人形が頭頂部の装飾に使われることもよくあった。緑色か赤の絹の生地は金と銀で装飾がほどこされ、縁飾りには銀の鐘がつるされている。

モロッコの支配者も、日光は君主が授かった聖性に有害だと考える国民の意見を尊重したらしく、傘を大いに重視してきた。古い記録に、皇室の傘はきわめて丈が高く、おそらく三メートルはあり、頭頂部が平らになっている。スルタンのとなりでロバに乗った役人が傘をさしかけ、スルタンも同じように馬に乗り――というのがあるが、傘持ちをうしろから走らせるふつうの習慣に反している。何世紀も前のある行事で、皇室の従者が宮殿の門を通ったときに、突然、強い風が吹いてパラソルが壊れ、スルタンはこの不幸なできごとにおおいにうろたえた。人びとはこれをスルタンの治世が早く終わる前兆と解釈したのである。傘は、モロッコでは、何百年来、主権を示すとくべつのしるしで、その使用が主権者とその親族に限られた時期もあった。もっとも各地を渡り歩いた旅行家のアリ・ベイは、その栄誉をスルタンから授けられたと、あるとき得意げに話している。おそらく、格別すばらしい傘を如才なくスルタンに贈呈したからだろう(1)。

少なからぬヨーロッパ人が、王宮で天蓋のような傘形の巨大なシャンデリアや、かつては屋根がドーム形をしていた王室のラクダ籠に、傘の影響を見てきた。戦場では、上級の将校は、頭部が傘とほぼ同じ形で、側面の布が地面まで垂れさがった、円形のテントを持っていた。傘は王室の標章の一つで、モロッコ人は今日でさえ、王権を示す第一の象徴に、玉座よりも「国王の傘」をあげる。金持ちのことを話すときに、「傘を持っているから日なたでも日陰でも好きなように行ける人」という有名な言いまわしがある。

モロッコの兵隊は、集合地の目じるしや隊の軍旗として、象徴的な傘を戦いに持っていった。一八四四年にイスリーでフランス軍に大敗を喫したときには、傘を失う不名誉だけでなく、失ったことを当時の版画で広く知られてしまう不名誉までこうむった。版画にはこの特別な傘が驚くほど華麗に優美に描かれている。現代の皇室の傘は丈がたいへん高く、頭頂部が平らなドーム型だった前の時代のほとんどの傘にくらべると、円錐形をしている。

ほかのおおかたの地域と同様、西アフリカの傘の起源は断言はできない。いくつかある出所のどこから来たとも言えるのだが、おそらくは、紀元八世紀にこの地域を訪れたイスラム教徒が紹介したのだろう。ポルトガルの船乗りは十五世紀後半にこの地域にたどり着いており、そこで王室の傘に気づかなかったとしても、インド洋に達したときにその重要性にたちまち気づいた。ヴァスコ・ダ・ガマは一四九八年に喜望峰の向こうまで航海して、ザンジバル島近くのマリンディのスルタンに出迎えられたが、このとき、スルタンは「柱にとりつけられた深紅の丸い日傘の下に」座っていた（この地の習慣は北部から沿岸地帯を下って伝わっていた）。まもなく、ポルトガル人は航海した先々で傘をさし、そのため西アフリカの人びとは、それまでながいあいだ傘を取り入れていなかったとしても、一五〇〇年代の初めには傘のことはよくよく承知していただろう。

ペルシアの王キスラが西アフリカを植民地にしたという言い伝えも心に留めておかなければならない。キスラはエジプトからエチオピアのナパタの町にのがれ、いくつかの独立した国を作ったといわれており、ササン朝ペルシアの王ホスロー二世と同一人物ではないかと目される。ホスロー二世はエジプトを征服して六一六年から六二八年までのあいだ支配した人物だが、西アフリカへ移住したのは、実はこの人で、そこへ皇室の傘の習慣をもちこんだのかもしれない。ナイジェリアにヨルバ国を建てたともいわれる。この国では傘は一時期、国王だけの特権だった。サミュエル・ジョンソン師が『ヨルバ史』で皇室の傘について次のように述べている。

首長のこれらの傘は、いまではその大きさと品質からたやすく見分けられる。きまったように色が派手で、たいていダマスク織りの布でできている。大きさと数は首長の地位に従い、通常はヨーロッパ製だが、オヨには皇室の傘を製造する有名な一族がいて、大型の傘を作っている。舶来であれ、国産であれ、たいていの傘は階級を示す一定の紋章で装飾されている。めでたい行事では二十本以上の傘が使われる(2)。

傘はこれまでも、そしてしばしば現在でも、ギニア湾を取り囲むほとんどの国、とりわけダホメ〔現ベナン人民共和国〕とアシャンティで広く普及し、かつてこの地を訪れた人はほとんどみなこの風習のことを口にしている。ダホメ南部ウィダの国王が一七二〇年代に戴冠したときには、次のように報告された。

国王の右側にはウンブレロ（傘）を持った高官が立っていたが、それは見せびらかすためだけのものだった（儀式は夜行なわれた）。絢爛豪華な錦製で、裏地には金糸で刺繍がほどこされ、縁に金の縁取りと房飾りがあしらわれていた。てっぺんには金箔をかぶせた木製の実物大のおんどりがのっていて、それを支える高さ一・八メートルの棒には金箔をきせてある。これを持つ役人は国王を涼しくするために、たえまなくまわす。(3)

ダホメを訪れたヨーロッパ人J・A・スカーチリーが、国王のアグランホフエ（顎骨傘）について述べている。この傘は人間の顎の骨が八十四個、びっしりとはめ込まれ、てっぺんに頭蓋骨がのっており、垂れ飾りにはそれぞれ六個の顎の骨が、軍服や警官服につける山形袖章のように並べられている。ソシンと呼ばれる風習ではこの薄気味悪いしろものを、戦勝記念物として誇らしげにさすのである。（現地のいくつかの部族は殺した相手から、ときには、まだ生きている相手から顎の骨を取ることで有名だが、通常は後者の顎から前歯を四本取ることで満足する。(4)）かの有名な探検家サー・リチャード・バートンは十九世紀半ばにこの国について貴重な印象を記している。ダホメに上陸すると、さっそく白いクゥエホール（テント型傘）に守られた「呪術師」が近づいてきた。傘がどことなくみすぼらしいのは、「こういった霊的な人はものをりっぱに見せ

18世紀初頭のコンゴの旅行風景。この場面では、パラソルは敬意を示すよりも快適な旅のためにさされたらしい

ようなどとは思わない」からである。バートンは儀式で傘が使われることに大きな関心を持つようになり、傘が象徴するものがヨーロッパの紋章が象徴するものと似ていること、崇拝される人物の地位に関するなんらかの手がかりを新参者に与えることに気づいた。ボジ＝サウ（皇室の杖を持つ人）は、一本は純白で、もう一本は紋章で飾られた二本のテント型の傘で守られた。族長は、自身を示すために象徴的に使われる傘を一本ずつ与えられ、「七本の傘が倒れた」と言えば、七人の族長が殺されたことを意味した。ガウ（軍隊で右翼をかためる司令官）は赤と青と黄褐色に塗られた傘を持っており、また新たに酋長になった者は宮殿で製造された純白の傘を贈られ、それに自分の行為を絵で示すことになっている。図柄はおもにナイフと生首と顔で、布を切って作られ、掛け布の垂れ飾りに一つおきに縫いつけられた(5)。

バートンの一行は都に到着すると、護衛つきで国王の居所に案内された。その一角には四本の傘でつくられたベランダのようなものがあった。

側面にある傘は白で、たいていはひどくいたんでおり、女戦士の隊長を守っていた。中央の傘は国王が座る場所を示し、けばけばしいチューリップのような、色とりどりの目もくらむほどの色が好んで用いられたが、それでも、緋色、淡い緑、紫、白、空色と、完璧な調和が取れていた。特に好まれたのは赤と黄色の配色だった。イギリスでは悪魔の制服と呼ばれる配色だが、大量に集まると、目に鮮やかである。豊かな色彩の傘型天蓋は王室以外には御法度で、国王はこれを少なからぬ自慢のたねにしている。(6)

ダホメの支配者はできるだけ見栄えのする、きらびやかな新型の傘を手に入れるのに余念がなく、イギリスの副領事ジョン・ダンカンに特定の模様の傘を数本ロンドンに注文してほしいと頼んだこともある。西アフリカの多くの部族長と同じく、大量の傘を収集しており、ソシン風習の期間中には三人の妻がさす傘で守られた。傘は、

……木綿のビロードでできた豪勢なテント型で、その一方で第四夫人は華やかなパラソルで支配者を守った。最初の傘は聖心教会のもじりだった――敵の心臓をえぐり取ることをほのめか

すからだろうか、ダホメの人びとはこの教会を崇拝している。掛け布の垂れ飾りは、緑色と深紅が交互に並んでいる。上部には黒か白で縁取られた赤か黄色の大きな十字架が描かれ、その下にあるものは、それと同じ色で、人間の心臓のつもりなのだろうがつぶれて唐草模様に見える。この中央に、小さな白い十字を中心につけたもっと形のよい心臓があり、どちらの心臓も逆三角の形に置かれている。二番目の傘には、黒のビロードの上部に白い小十字が並んで描かれ、その下には、目が赤と紫で、縁が白と黄色の青い鮫が深紅というかワイン色のビロードの上に横たわり、ビロードは鮫と同じ縁取りが施されている。三番目の傘はもっとも豪華で、頂部に目の覚めるような黄色に塗られた、まさしく紋章といえるような木製のライオンがのっている。垂れ飾りには、百獣の王が白の偃月刀《えんげつとう》を右の前足でつかんでいる姿が描かれ、その下では二本足の黒人が、足らしいものは見えないが目にしみるような白のニッカーボッカーをはき、青い剣の刃をむなしくふりかざしている。どちらの姿も赤地に描かれ、小さな白い十字架がまき散らされている。この傘は裏打ちも同じように豪勢だが、前に述べた二本は内側が白い。直径は一・八メートルから三メートルまでさまざまあり、風の吹く日には手に負えない。柱の長さは二メートル強で、針金ではなく、ひもで四角く結わえた枠がついている。おそらくそれはポルトガル人がもちこんだもので、現地で作られた粗末な棒の枠とは簡単に見分けがつく。傘は持ち手の上の方に通された釘で開かれたままになっている。(7)

国王はバートンを迎えたあとにつづく行事で、「青と赤と黄色の三本の王室の傘で日差しから守られ、三本のパラソルで扇がれた」[8]。バートンと一行は自分たちの傘を持っていて、はじめのうちは国王の前に出るときに閉じていなければならなかったが、やがて国王の前でも傘を開いたままにしておく特権が認められた。

国王は戦いにそなえるときには、暗い色の傘を用意した。敬意を表わす大きな傘は黒に近い藍色で、日差しから身を守るために使う小さな傘はチョコレート色だった。どの大きさのものでも、これらの傘をさすのはたやすい仕事ではなかっただろうし、顎骨傘は薄気味悪い装飾のせいで特に重かったにちがいない。傘持ちはまちがいなくささやかな威光に——ひょっとすると日陰にも——あずかったが、仕事はけっして楽でなかった。エフィク族やイビビオ族やイボ族のような低ニジェールのいくつかの部族は、族長の葬儀にあたって、この職についている者を、皇室の剣とかぎたばこに携わった従者とともに生け贄にした。このよく知られた習慣は、あの世で故人に物質的な恩恵と専属の召使いの両方を与えるのが目的だった。

一般の原住民は、たとえばアシラ族の場合など、事前に葬儀の場所に傘を置くように手配するだけで満足しなければならなかった。一世紀前には、現在の南西ガーナにあるケープコーストカースルで、原始的な傘が墓に日陰をつくっている光景がよく見られた。これは、エジプトの人びとが影にいだいていた考えを彷彿とさせるし、たしかに、西アフリカと古代エジプトの習慣には、大昔に両者のあいだになんらかの関係があったことをうかがわせるような、そしてキスラの伝説〔七八頁参照〕の信憑性を高めるような類似点がほかにもある。

古代エジプトの文献に見られる傘の形をしたヒエログリフが人のハイビットつまり影を表わしたのと同様に、ガーナのアカン族のスンスムは「文字通りに影の一種……人の魂、あるいは自己意識で……精液あるいは子づくりの含意がある」(9)。E・L・R・マイエロウィッツは、スンスムを儀式の扇と見立てて以上のように記したが、原住民にとっては儀式の扇は傘と同類である。皇太后ジャセワー(一六五六〜七九)は自分の地位には公式の傘が許されるべきだと要求したが、儀式の扇でお茶をにごされた。ジャセワーはどうやらアクンフィ・アメヤウ二世(一六四六〜五九)の二層の公式の傘、ビダビエチをねたんでいたらしい。国民はこの傘を「他者の上に座る人」と訳せるビティビソと名づけていた(10)。

黄金海岸周辺のほかの部族も公式の傘に大きな重要性を与えていた。十九世紀の初めころ、アカン族の一つであるアシャンティに派遣された行政兼探検部隊の隊長T・エドワード・バウディッチはクマシで原住民の君主に迎えられた。

三十人の人が入れる傘あるいは天蓋が少なくとも百本も、絢爛豪華に、傘持ちの手で上へ下へととびはねる。傘は緋色や黄色の派手な布や絹で作られ、てっぺんに三日月やペリカンや象や樽や金の武器や剣がのせられている。形はさまざまだが、たいていはドーム型だった。掛け布(そのいくつかには小さな鏡がさし込んである)はみごとな扇形で縁飾りがほどこされていた。

傘の前から象の鼻と小さな歯が飛び出しているのもあれば、豹皮で覆われ、生きているように詰め物をした動物が上にのせられているのもあった[11]。

宮殿に到着したときの歓迎ぶりは、

……長老、酋長、頭領は……自分たちの傘の下に座った。傘は緋色と黄色の布、絹や肩掛け、木綿、それにぴかぴか光るさまざまなものでできており、金色の彫刻のペリカンや豹やヒヒ、樽や三日月等々が上にのせられ、形はたいていドーム型だった[12]。

これらの頂部装飾はントゥアティレと呼ばれ、今日もまだ残っている。それぞれに意味があり、所有者の伝統的な力を象徴し、しばしばそれが傘全体を指す名前になっている。たとえば、アコメン（鹿あるいは羚羊《レイヨウ》の角）は、族長に授けられた確固たる戦闘力を意味する。ティコロムパ（三つの頭の象徴）は、頭が一つでは議会は成り立たないという意味で、アドワ・ア・オギイナ・オツノ・ソ（象の上に立つ羚羊）は体の大きさだけでは国家の君主となる資格にならないことを示す[13]。

イギリスは十九世紀を通じてアシャンティ問題でさんざん手を焼き、アサンテヘネ（アシャンティの国王の称号）の敵にたびたび救援を求めた。一八二六年のドドワの戦いでは、アクワムの国王アトコはイギリスの全面的な指揮の下に陸軍の右翼を率いた。天王山の戦いで、国王はアシャンティ軍に向かって、あたかも降伏するかのように大きな公式の傘を振ってみせ、それから突然攻撃して連合軍の勝利をもたらした。

十九世紀の後半に入り、イギリスはアサンテヘネ・コフィ・カルカッリ王に対してさらにまたきびしい作戦を展開しなければならなかった。サー・ガーネット・ウルズレーは一八七四年二月四日に国王の傘を奪いとり、ヴィクトリア女王に献上するためにロンドンに輸送させた。傘は骨が四十二本、直径が六メートル半あり、生地は黒と深紅のベルベットが交互に並び、金の飾りをあしらった同じ素材の幅広の縁どりがついており、魔よけになるライオンの前足二本とほかのお守りで飾られていた(14)。

一八九五年から九六年にかけてアシャンティはプレンペ国王に率いられてふたたび反乱する。イギリス軍がようやく蜂起を鎮圧して、プレンペとその一味をセイシェルに送ったのだが、このときもアサンテヘネの傘がヴィクトリア女王に献上された。遠征の最初のころ、パジャマだけを着て傘で武装した新聞記者がシエラレオネのハンモック担ぎとウィネバの非正規軍とのあいだでおきた口論を仲裁した。傘はこのような戦いのときに士官の装備に加えておくと役に立ち、この遠征の期間中に描かれたスケッチによく見られる。イギリス兵もまた現地の傘に強烈な印象を受け、ある士官はとてつもない彩色をほどこされた傘の長い列を、〔ロンドン北部の〕バーネットのフェアで見た丈の短いジャケットの列になぞらえている。

傘は王家の重要な標章を日差しから守るためにも使われた。たとえばアシャンティの王の腰掛けは、木の崇拝から発展したもので、その運搬人にはンサ（ラクダの毛と羊毛）製の、頭頂部が平らな傘がお供をし、傘は「国の覆い《カタマンソ》」と名づけられていた。同じように、ジュアバンの国王が持つ頭部が金の杖は、深紅の絹でできた巨大な豪華な傘で守られた。国王は一八七六年にアサンテヘネによって国外に追放され、標章をすべて持ってケープコロニーに現われた。杖は臣下が息を切らせながらさしかける傘で保護されるのが習わしとなっており、そのあとにそれぞれがテントほどの大きさで、頭頂部に戦闘隊長の紋章であるメッキの人形が載っている三本ないし四本の巨大な公式の傘が続いた。（国王自身はアサンテヘネと同じ部族の出身で、金の頭頂飾りが許されていた。）

カタマンソの傘のほかにも、アシャンティには先のとがったヨーロッパの意匠に似た儀式用のバンキイニイエがあり、実用的なアクロムポンキイニワは日常使われる。クマウの人びとは、バンキイニイエはもともと母親と三人の子供の銅像を覆うもので、ヴォルタ地方で最初に作られたと主張する。今日のアサンテヘネは二十数本の傘を持っており、それぞれが特定の場合に使われるようになっている。たとえば、一人の族長をめぐって対立する意見を調停するときには、アココタン（ひよこを抱えた雌鳥を表わす頭頂がついている傘）の下に座る。「空の神に国王の頭上の王冠を見せてはならない」ため、キイメキイミニという傘持ちがさしかける傘で覆われなければ、外出や、部屋から部屋に移動するのを許されないときがあった。オマンヘネ（最高の族長）が謁見して挨拶をするときには、アサンテヘネは敬意のしるしとして族長が傘の下から出ることを求めた。[15]

西アフリカの小さな部族の長はいまだに傘を持つ特権を守り、バッキンガム宮殿に参内するとき

バガンダ族のダウディ・チュワ国王。
20世紀初頭撮影

でさえ、大きさはふつうだが華麗な意匠の優雅な傘をさす者がいる。傘はときにはロンドンの会社に注文して特別に作られたが、現地にも、特にアシャンティには、絹やフェルト、紋織物やダマスク織りなど美しく彩色をほどこした生地からさまざまな種類の儀式用の傘を巧みに作る者がいる。現地では質素な黒の亜麻布を使った実用的なアクロムポンキイニワもたまに作られるが、たいていは輸入されている。

アフリカのいくつかの部族は傘を豊饒の儀式と婚礼で使ってきた。バヴィリ族は思春期に近づいた少女を人里離れた小屋に閉じこめ、十週間ほどたつと、傘をさしていいなずけの住まいに連れて行った（アシャンティ族はいまだに傘をこのような行事で使う）。この儀式を守らないと、少女は子供を産まず、収穫は不作になると信じられていた。トゥィ族の少女は、とっておきの晴れ着を着、傘をさしかけるお供に付き添われて、結婚できることを公表する。ウガンダのバガンダ族は傘をどんな婚礼の儀式でもいちばん重要な道具と考えている。

こういったさまざまな習慣は、なかにはアジアの影響をうかがわせるものもあるが、傘にまつわる話のなかでもいまだに十分な説明ができない部分で、記録が残されていないために起源は遠い過去に葬られてしまった。

アフリカを旅行したヨーロッパ人は、アフリカ人に負けず劣らず傘を使う習慣に夢中になった。十九世紀に探検家のサー・サミュエル・バーカーが同国人に勧めているのは、

……裏地が二重の二本の大きな馬車用傘で、骨の先には小さな輪がついており、持ち手には釣り竿についているような大釘がねじこんである。輪から二、三本ひもを張り、地面に杭で留めつければ、風に飛ばされることはなく、行進の休止中に日差しや雨から身を守る即席の避難所になる。(16)

サー・ハリー・H・ジョンストンも傘を便利だと考え、『英領中央アフリカ』で、この地域を旅行する人向けの適切な装備について、いくつか心得を書き記している。

傘　雨天用に黒の絹の傘を一本持って行くこと。じょうぶで軽い日傘も数本、絶対必要。裏地が二重になっていて——外側は白で内側は緑色——裏地と裏地のあいだに隙間があること。……さすのにうんと軽くなければいけない。頭よりも日差しを強く感じる場所は、肩と背中で

ある。体を日差しから守るには、じつのところ、白い傘をさすしかない。そしてこれは、さすのがどう見てもこっけいなとき、たとえば戦いのまっ最中などをのぞき、いつでも実行すること。いやでも強い日差しにさらされるときには、たえず白い傘をさしているのが健康を維持するのにいちばん効果的である。[17]

まさしく手堅い助言である。傘をさした探検家は、傘が持つ王権の象徴のおかげで、はからずも原住民に感銘を与えたにちがいない。その一方で、族長のなわばりで傘をひけらかすと、やっかいな事件を起こしかねなかった。

とはいえ、ヨーロッパ人はアフリカの日差しの強い気候へと逃げ出しても、ヨーロッパの慣習からはぬけ出しきれない。一七五二年に定められ南アフリカの初期のオランダ植民地の総督リュク・ファン・トゥルバグが発布したケープコロニーの規則ほど傘の社会的な地位をみごとに反映しているものはない。それには次のような規定がある。

六条　下級貿易商、あるいは同等の階級の市民、評議会の会員ないしは、過去に会員だった者の妻と娘、これら以下の階級の者は傘を使用してはならない。

七条　貿易商以下の階級の者は晴れた日に開いた傘をさして城に入ってはならない。[18]

しかし、傘は南アフリカにいたオランダ人にとって明らかに地位の象徴だったとはいえ、大陸の中央と南端ではおおむね無視されてきたらしい。数人の旅行家が、その使われ方を記しているのを見ると、アフリカの部族民にはつきものとされているビー玉の首飾りやシルクハットに比べて、原住民が傘をそれにまさる小間物とは見なしてはいないことがうかがわれる。一八七五年にV・L・キャメロン司令官はタンガニイカ湖の付近で傘をさしている原住民を観察したが、それは気晴らしにしか見えなかった。

私は傘を持って得意満面になっている案内人を見ておおいに楽しんだ。男は朝から晩まで傘を開きっぱなしにして、おどけた格好でいつもぐるぐる回している。ジャングルに入ると、男はばかげた見かけに輪をかけ、唯一身につけていた衣装——腰布——まで脱いでしまった……。真っ裸の黒人が傘をさして歩く姿を見て、まじめな私もさすがに、腹がよじれるほど笑いころげた。(19)

少なからぬヨーロッパ人旅行者が原住民にとって傘には象徴的な重要性があることを見過ごしてきたのではなかろうか。R・A・フリーマンのような経験豊かな国境監査官でさえ次のような、いささか単純無邪気な発言をしかねない。

どういうわけか知らないが、どうやらアフリカ人の考えでは、傘は壮大さと威厳を表わす特別な象徴であるらしく……シエラレオネのような比較的文明の開けたところでさえ、傘は所有者の威厳と重要性を表向きに目に見せるしるしとなっている。シエラレオネの町では、日曜日の朝になると、平日は帽子もかぶらずに通りや市場をぶらつく原住民の貴族が教会に向かう姿を見かけるが、もじゃもじゃの頭にはぴかぴかの「シルクハット」がのっかり、さらに交易品のこうもり傘でしっかりと守られている。[20]

年季の入った探検家ジョージ・グレンフェルまでも、ある雨の日、単なる礼儀作法と社交辞令から、南コンゴの支配者キアムボを自分の傘に入れてやった。族長が傘を身を守るためだけのものではないと考えていることや、傘がイギリスによく知られる前から原住民支配者は何世紀も使ってきたことに気づかなかったのだ。

第四章　中世——カトリック教会の傘

傘は中世にはアジアとアフリカできわめて人気が高かった一方で、ヨーロッパでは傘を使う習慣は流行を生み出すほど普及しなかった。一章で述べたように、六世紀には、ローマの若者が暑い日にパラソルをささなかったために死んだという記述があるが、それ以降の一千年間に服飾品として傘をあげているものはほとんどない。服飾装飾品としてヨーロッパで手に入れられる傘は、熟練の職人が作った高価な日傘で、そのほとんどはおそらくイタリア製だった。防水性の傘がまったくといっていいほど評価されなかったのは、丈夫で長持ちする構造は傘が重くてさしづらいことをも意味し、この不便な点が一七五〇年頃まで普及の障害となった。

それでも、服飾用の傘が中世のイギリスとフランスで使われていたらしいと解釈されてきた誤った例が北西ヨーロッパにわずかながらある。古アングロサクソン語のいくつかの辞書はscur-sceadの意味を傘であるとし、カドモン〔六七〇年頃に活躍したアングロサクソンの宗教詩人〕の創世記を例文にあげている。

Nys unc wuht beforan
To scur sceade(1)

アダムは、とつぜん夕立が降ってきたときに身を守るのに役に立つものが何もないと文句を言っている。カドモンは傘なるものが存在することをまずまちがいなく知らなかっただろうから、問題の辞書の編纂者は想像を過剰にはたらかせて翻訳してしまったと思われる。scur-sceadのもっと現実に則した定義は、「雨から身を守るもの」である。

十三世紀の詩『オックスフォードの金髪美人』では、グロースター伯爵の高価な長衣が雨でずぶぬれになり、主人公ダマルタンのジャーンがこう言う。「ぼくがあなたのように金持ちだったら、雨宿りできるような家をいつも持ち歩きますね。そうすれば、あなたみたいに汚れたり濡れたりすることはない。(2)」このおもしろい言いまわしを読んで傘を思い浮かべる読者もいるが、実は、ジャーンは金持ちの伯爵をこけにして、主人をばかにしている家来をおもしろがらせているのである。

とはいうものの、ノルマン人は十二の部品でできた傘——あるいはおそらく天蓋——を持っていたという話が伝えられている。十一世紀にはイタリアにうちたてていた植民地で傘なるものを知り、それをイングランドに持ちこんだということはあるかもしれない。たしかに、傘はたとえ広く使われていなかったとしても、この時代にヨーロッパで知られていたことを証明する証拠はじゅうぶんにある。なにしろ、傘は当時のローマカトリック教会で貴い標章となっていたのである。それどころか、傘が宗教儀式で重要な意味を持っていたために、平信徒は傘を取り入れるのをためらったと考えられる。

コンスタンティヌスの寄進。ローマのサンティ・クアットロ・コロナーティ教会の12世紀フレスコ画。主権の象徴である傘を教皇シルヴェステル1世に贈るコンスタンティヌス大帝

教皇はとりわけ傘を好んだ。傘が異教の神とつながりがあるという話には都合のいいように目をつぶり、儀式で使うというアイディアをほかの支配者から拝借したと見える。教皇の傘の由来がわかりそうな手がかりは、ローマのサンティ・クアットロ・コロナーティ教会にある聖シルヴェステル礼拝堂の十二世紀のフレスコ画にあるかもしれない。コンスタンティヌス帝が三一四年から三三五年まで在位した教皇シルヴェステル一世に茶と白

の縞の傘など国王のしるしを授けている情景が描かれている。かの悪名高いコンスタンティヌスの寄進で、このとき皇帝は癩《らい》病が奇跡的になおったことを感謝して、教会の優位と西洋の支配をシルヴェステルに譲渡したと想像されている。「我は前述の世にあまねき教皇、いと祝福されたるローマ教皇シルヴェステルとその後継者となるローマ教皇に、わがラテラノ宮殿およびローマ市、さらにイタリア全域と西方の地域を授与し譲渡するものである。[3]」

コンスタンティヌスの寄進は、今では、史実と考えられていない。おそらく、八世紀のある高位聖職者がイタリアにおける教皇の世俗の権力を正当化したくてでっち上げたのだろう。したがって、聖シルヴェステル教会のフレスコ画は、ほかの情報源からすでに知られていたこと、つまり十二世紀のヨーロッパで傘が象徴的な目的で使われていたことを裏づける役にしか立たない。制作に関わった画家がコンスタンティヌスの治世の慣例を正確に描写するよりも、自分の生きた十二世紀の方式を描いていたこともまた明らかである。というのも、あるモザイク画で、画家は司教冠《ミトラ》を二つの三角形で描いているが、これは十一世紀以降の意匠にほかならない。

たとえそうだとしても、コンスタンティヌスが傘を標章に含めていた可能性はきわめて高い。言い伝えによると、皇帝は、ローマ皇帝にして大司祭という二重の権力の象徴として、戴冠用宝玉や王冠などのさまざまなしるしを二人の天使から授かった。たぶん、その中には傘もあっただろう。傘を持つ天使などというと滑稽で奇妙に聞こえるかもしれないが、まさにそのたぐいのものが『謎の珍品』なる古い書物に描かれていたと言われている。この書物はラティスボン市（現在はレーゲンスブルクの名で通っている）の教会で発見された。くだんの天使はイエス・キリストの右側に立ち、半分閉じたパラソルが取り付けられている十字架を持っている。同じ市では、かつてニーダー・ミュンスター修道院が四人の福音書記者の挿し絵入り写本を所有していた。挿し絵には傘の形をした木が描かれているが、こういったものはインドの彫刻や素描にときおり見られる。

下衆《げす》の勘ぐりでは、コンスタンティヌスは東洋の支配者から傘を取り入れたのかもしれない。コンスタンティヌスは太陽神ミトラの熱心な崇拝者で、三二一年に「太陽の祝日」はほかの祝日と同じように祝われなければならない、というおふれを出している。その前年には、キリスト教を熱狂的に信仰して異教の象徴を貨幣に描くのを禁じたが、太陽を象徴するものは別だった。前任者の一人ヘリオガバルスが太陽信仰の信者で、傘を使った支配者だったことも衆知の通りで、それでおそらく後に続いた皇帝もこの習慣を守っていたのだろう。この説が通らないとすれば、コンスタンティヌスは、ローマ帝国の都をビザンティウム（町はコンスタンティノープルとなり、現在はイスタンブール）に遷《うつ》したときに自分自身のために傘を取り入れたのかもしれない。この遷都で東方がヨーロッパにおよぼす影響が強くなった。

というわけで、寄進伝説を裏づける根拠がなくても、コンスタンティヌスが自分の標章の中に傘を含めていたことはじゅうぶんに考えられ、のちにそれをシルヴェステルに寄贈したのかもしれない。ローマ帝国の皇帝が、Pontifex Maximus《ポンティフェクス・マクシムス》（大司祭、教皇）の称号などそのほかの習慣を教皇庁に伝えたのはたしかである。Pope（教皇）という肩書き自体、東方とアフリカに起源を持ち、昔はカルタゴとアレキサンドリアの大司教管区の司教に適用され、どちらの町でも傘の象徴性はよく知られていた。

権威者は教皇の傘が東方に起源を持つことを認めているが、これがはっきりモンゴルに由来するという説には首をかしげたくなる。傘がアジア全域で重要だったことを考えるとあまりにも細を穿ちすぎているのではないか。

この象徴はとても古い。正確な起源は皆目わからないが、東方から来たことはたしかである。それはおそらくモンゴルで、そこでは人と神の双方の権威と権力のしるしとなっていた。モンゴルでは、戦いのあいだ、軍の幹部だけがテントを建てることを許されていた。最高司令官の大きなテントは大型の日傘《オンブレローネ》のような形をしていた。この象徴はローマ帝国の指導者たちに取り入れられ、一般に教皇の権威を示すために使われたこともある。(4)

宗教的なパラソルが光輪と何らかの関係があったという説さえあり、たしかに、ほんの少し想像力をはたらかせれば、初期のキリスト教芸術の冠の象徴と頭のすぐ後ろに抱かれた日傘を結びつけることができる。(5)

ごく初期の、そしてもっともありふれた形は、頭の後ろに置かれた輪である。……たいてい金無垢の皿で、ときにはさまざまな飾りや文字で埋められているが、透明であることはほとんどない。また、色は人物によってさまざまである(6)。

光輪をパラソルと結びつけるのは興味をそそる考えだが、それよりも、光輪はそれを持つ人物が神聖であることを象徴し、太陽自体を表わしている可能性が高く、それゆえパラソルと同じというよりも、似ているだけである。

キリスト教会がひとたび傘を取り入れると、たちまち、高位聖職者が仲間の高位聖職者に大仰な傘を贈る習慣ができた。教皇パウルス一世(在位七五七~六七)は、北ドイツの所有をめぐる論争が解決したあと小ピピンに宝石をあしらった立派な傘を授けた。紀元およそ八〇〇年頃、トゥールの司教アルクィヌスはザルツブルクの司教アルノーにシュッツダッハなるものを贈った。シュッツダッハは現代ドイツ語では「納屋」あるいは「覆いの屋根」、「尊い頭をにわか雨から保護する」という意味で、おそらく傘だったのだろう。

中世で傘が重要だったことをなによりも決定的に証明しているものは、ユトレヒト詩篇に見られる。この詩篇はおそらく九世紀に編纂されたが、ほかの鑑定では六世紀にまでさかのぼる。この中でダビデは神殿に向かって手を伸ばし、そのうしろで天使がダビデにパラソルをさしかけて立っている。パラソルの持ち手はわずかに傾き、頭頂飾りはやや大きめだが、覆いは、細かく描かれた骨と石突きとともに、現代の意匠と同じと考えられる。

（左）天使に傘をさしかけられるダビデ王。ユトレヒト詩篇の原本より。傘は王の尊厳を象徴するために描かれた
（右）イギリスで初めて描かれた傘の挿絵。970年頃にユトレヒト詩篇から書き写された

ダビデが国を治めていたのと同じ時代（紀元前およそ一千年）にエジプトやほかの国ぐにに敬意を表わす傘があったのは衆知の通りで、聖書に登場するこの有名な王はパラソルで王の尊厳を守る習慣を知っていたにちがいない。それでダビデがこれにならったことは、たとえそれを示す証拠が聖書になくても、驚くにはあたらない。ただ、エチオピアの宗教的なフレスコ画〔七五頁参照〕の場合と同様に、この挿絵の制作にかかわった画家が自分の時代の習慣の影響を受けたと考えるのがおそらく無難ではあろう。

ユトレヒト詩篇はイギリスで初めて傘を描いた絵の元祖でもあり、十世紀の後半にカンタベリーの修道士が、ダビデ王の挿絵にいくつかの小さな変化を加えて、いくぶん雑な写本を作った。ダビデの位置は同じだが、衣装がアングロサクソン風に変えられ、天使の代わりにうやうやしくへりくだった召使いになっている。傘も形が変えられているが、それは写本を作った修道士がこの奇妙な物体をたぶん知らなかったからで、おそらく、傘はそのころイギリスの教会の儀式にまだ取り入れられていなかったのだろう。たいていの服飾史研究家は、この挿絵の由来を知らないため、ここに描かれているのは自分の時代の服飾装飾品を身につけているアングロサクソン貴族だと述べ、したがって、傘はノルマン人の征服以前のイングランドで使われていたにちがいないという結論を出してきた。実際には、この説はまったく実証されていない(7)。

中世の教会の傘でもう一つ興味深い例は、碧玉に彫り込み模様で描かれた傘で、司教が馬に乗り、その前に十字架を運ぶ従者が立ち、後ろにはもう一人の従者が持ち手の太い、上部に大きなノブがのっている半球型の覆いのある傘を開いてさしかけている。傘が奇妙なリンゴのように見えるのは、もともとの傘の制作技術が粗末なせいと考えられる。意匠のまわりに散らばる文字をつなげると、JANNI N(omine) III（その名はヤンニ三世）となる。八八四年から九二四年までパヴィーアの司教だった人物である。

一一七七年に教皇アレクサンデル三世は、ドイツの皇帝フリードリヒとの会見をとりもった褒美として、ヴェネツィア総督セバスティアーノ・ツィアーニに傘を持つ特権を与え、式典のさいにツィアーニはどちらの客人にも傘のお供がつくよう手配した。ヴェネツィアのサラ・デル・グラン・コンシーリオにあるジローラモ・ガンバロータの絵画には教皇が総督に名誉を授けている場面が描かれている。ヴェネツィア人はこの習慣を数世紀にわたって存続させ、十八世紀のカナレットの数枚の絵画には、傘持ちをしたがえた総督が描かれている。あらゆる儀式用の傘の中でも、総督の傘

絢爛豪華な公式傘の下の
ヴェネツィア総督

はもっとも華麗で、持ち手と生地にとほうもなく贅沢な装飾がほどこされている。ヴェネツィアでは、傘は行列で権力の標章として玉座と剣の二つよりも長く用いられ、ナポレオンに征服される一七九七年まで使われた。

　十三世紀には、もっと仰々しいバルダッキーノ——四本から六本の柱のある天蓋——が教会の傘にとってかわるようになったが、天蓋はすでにときおり教会で使われており、国王にかかげられる儀式用の天蓋には傘と同じように長い歴史がある。天蓋と傘は、実際には、とりわけカトリック教会と婚礼で、しばしば同じものと考えられていた。ユダヤ教の婚礼では、フッパーと名づけられた天蓋が新郎新婦を覆うために使われたが、フッパーは以前は新婚夫婦の部屋そのものを意味し、天蓋は部屋を表わす象徴となっていた。本来、貴重な紫布でできたバルダッキーノはきらびやかな宝石で装飾がほどこされ、やがて四本の柱にゆったりとかけた布に姿を変えた。この習慣は多くの正統派ユダヤ教徒のあいだではすたれて久しい。国王の上にかかげられる天蓋を描写したものや記述したものは数え切れないほどある。イギリスの戴冠式では、金色の布の天蓋が君主の上にかかげられる。この用法は、天から授かった王権を天蓋や傘で表わす古代エジプトの考え方にさかのぼることができる。

教皇のバルダッキーノについて述べたもっとも古い文献は、『教皇録』（該当する箇所は四九六年から五三〇年にかけて編纂された）に見られ、シルヴェステル一世の時代にコンスタンティヌスがラテラノ聖堂に寄進した傘の解説をしている。シルヴェステルの統治についてほとんど知られていないことを考えると、傘とバルダッキーノの両方をこの時代にまでたどることができて、しかもコンスタンティヌスがそのどちらをも教会に寄贈したといわれる話に行きあたるのは、驚くべき偶然といえよう。

15世紀の絵画に見える四柱のバルダッキーノ（ジェンティーレ・ベリーニ画、ヴェネツィア、アカデミア美術館蔵）*

行列に関するラテン語（やその他の言語）の説明では、この二つの品物がいくらか混同されている。シャルル・ド・リナは昔の多くの記事に出てくるウンベッラとウンブラクラのさまざまに考えられる意味を区別しようと試みた(8)。傘自体はときにはソリクルムという後に出てきた名前で分類され、教皇の傘はボニファティウス八世（在位一二九四〜一三〇三）の時代の目録にこの名称で掲載されている。教皇の傘には銀の付属品と獅子をあしらった白い生地が使われていた。ヴァティカン図書館にある版画には、ボニファティウスの即位式で人目をひいたソリクルムが描かれている。

四柱のバルダッキーノは十四世紀に絶大な人気を博し、いくぶん傘の地位をしのいだ。この言葉自体はバビロニアで作られた金の布に与えられた名前「バルデック」から派生している。教皇がローマにいなかった時代（一三〇九〜七七）が教皇のバビロン捕囚と名づけられ、そのころにバルダッキーノが人気がでてきたことは、これまたたんなる偶然にすぎないのだろうか。教皇グレゴリウス十一世がアヴィニョンの追放生活からローマに戻ったときに教皇を守っていたバルダッキーノはまことに華麗なもので、その短い側面は紋章付羽目板で飾られていた。

しだいにバルダッキーノが使われるようになってはいても、傘はまだカトリックの儀式に登場しつづけた。ウルリヒ・フォン・ライヒェンタールの『コンスタンツの会議』は一四八三年にアウクスブルクで制作され、一四一四年から一八年まで開催されたコンスタンツ公会議を描いた作品である。そのなかにこのような傘が見られ、旅をする教皇の前にさしかけられている。傘持ちは鎧をまとった男で、金をちりばめた赤い布をかけた白い軍馬にまたがり、どっしりした傘の生地は赤と黄色で、金の十字架をかかえた金の天使がてっぺんにのっている。版画では、傘は、騎手が万が一落とそうものなら、馬を包んでしまいそうに見える。人馬ともにそれぞれの荷を運ぶためにとてつもなく頑丈だったにちがいない。ちなみに、この版画は傘持ちを何らかの身分の高い騎士として描いた唯一の作品である。ほかの作品では、傘持ちは卑しい身分のように見える。さらに、このような巨大な傘を描いた作品はほかにない。

この時代になると、傘は教皇領の紋章の図案に使われるようになった。パラッツォ・ファルネーゼにあるフランチェスコ・サルヴィアーティのフレスコ画には、エウゲニウス四世（在位一四三一〜四七）がランヌッチョ・ファルネーゼを軍事上の擁護者に任命している場面が描かれ、教皇は教皇領の幟の下に座り、幟には十字に交差した鍵の上に傘が描かれている。そのころ、傘は中世ラテン語で円錐形のテントを表わすパピリオーヌスと呼ばれ、一四三五年のヴァティカンの宝物目録には、赤とオレンジ色の絹でできた小型のパピリオーヌスが掲載されている。

ランヌッチョ・ファルネーゼを教皇領守護者に任命する教皇エウゲニウス4世。その紋章は右手の幟に示されている。サルヴィアーティのフレスコ画

やがて、それほど著名でない人びとが教皇の道具を取り入れるようになる。一五一三年から一五二四年のあいだにフランスのフォルヴィル教会に建てられたラウル・ド・ラノワの墓には上部の石細工に傘のようなものがある。傘から厚地のカーテンがつるされ、開くと奥に墓が見える。その意匠がアント

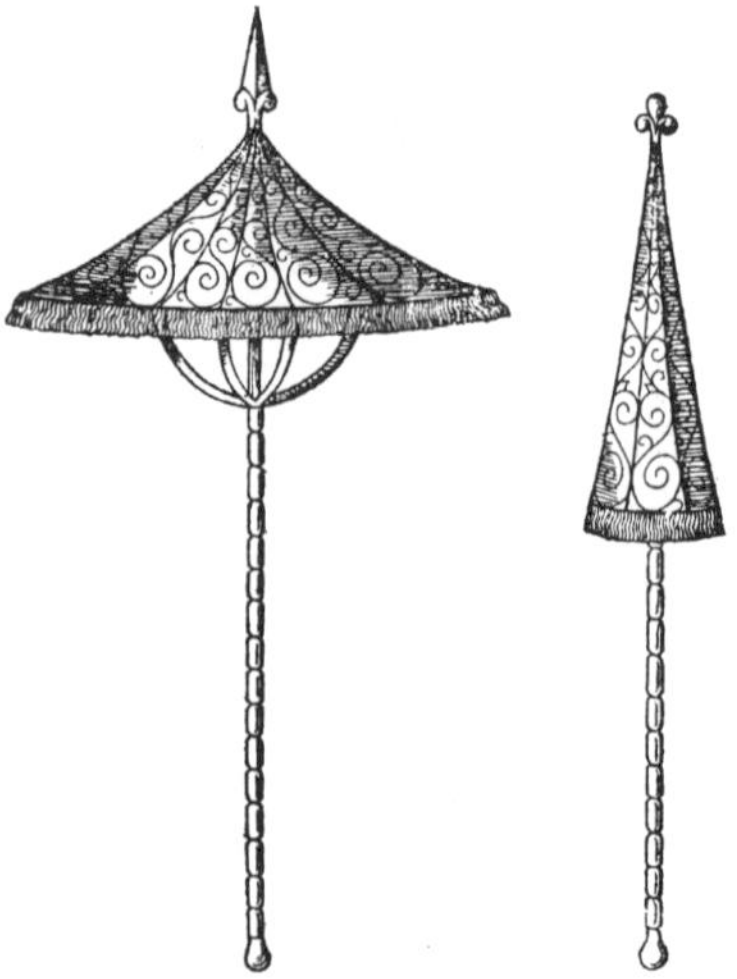

教皇クレメンス11世の傘。教皇の教会での権力と世俗の権力を象徴するために行列でさされた

ーニオ・デッラ・ポルタによる北イタリア様式であることは、大きな意味を持つ。ほぼ同じような趣向がビセンテ・カルドゥーチョの『教皇ホノリウスの夢』（一六二八年頃制作）に見られる。床まで届くゆったりしたカーテンがあり、垂れ飾りと房飾りの両方があしらわれたパピリオーヌスの下にいる教皇が描かれている。

パラソルは依然として教皇のお供をすることがあり、ときには名誉を象徴するよりも、むしろ日陰を作る役割を果たした。たとえば、フランチェスコ・ウバルディーニの戯画には、ウルバーヌス八世（在位一六二三～四四）がローマの城壁の再建計画を調べているところが描かれている。その日は晴れて暑かったらしく、付き人が教皇に通常の儀式用の傘とはまったく違う二メートルはある日傘をさしかけ、懸命に支えているのがその表情からよくわかる。もっとあとの教皇クレメンス十一世（在位一七〇〇～二一）は、シャルル・ド・リナの解説したもう一枚のイタリア絵画で、開いた傘を持つ従者を先に歩かせ、後ろには前の傘とそっくりだが先端だけが違う傘を閉じて持っている従者が歩いているところが描かれている。傘はこのようにさしかけられて、教会と現世の権威に払われる二重の敬意を象徴した。のちにこの習慣がすたれると、赤いビロードの帽子がパラソルにとってかわった。ド・リナは画家の描写が細部にわたって正確なことを力説し、描かれた傘が古代アッシリア人が後期に使った傘にそっくりであることを指摘している。教皇の傘がこれらの現物ではないとしても、複製であるとさえほのめかしたのは、まことに驚くべき説と言える。(9)

教皇の傘のほんとうの重要性は、十九世紀にバルビエ・ド・モントー猊下《げいか》が行なった調査のおかげで今では明確に定義されている。そのころには、おそらく傘は一般にも使われるようになり、その結果、儀式の装具として不適切となったため、教皇の標章の中からほとんど姿を消していた。猊下は「パヴィヨン」(パピリオーヌスをさすフランス語)を円錐形――半分開いた傘のような――で、上に球か十字架がのっていると解説した。生地は教皇の色である赤と黄色が交互の縞になっていた。かつては最高のしるしと考えられていたが、現在はバシリカ聖堂〔ローマ教皇により宗教的特権を与えられた聖堂〕だけに存在し、そこでは行列のときにさされ、しばしば壁につるされている。

「パヴィヨン」は教皇領の紋章の中で名誉ある場所を占めている。(一つは金で、もう一つは銀の二本の鍵が交差してたがいに結びつけられ、その上に金と深紅の垂れ飾りのあるパヴィヨンがのっている。)この象徴は、まったく世俗的なもので、政庁が印章を捺すべきところならどこでも見られる。財務局(教皇庁の行政担当)、切手、塩とたばこの管理など。(10)

このような意味合いでの傘は、今では司教冠《ミトラ》に先を越されてしまったが、カメルレンゴ枢機卿、すなわち財務局長官は、いまだに金と深紅のパヴィヨンすなわちパピリオーヌスを紋章に残している。これは、聖座が空席になった教皇空位期間につくられた貨幣や完成された建物に見られる。この期間には、教皇の候補者は紋章に教皇の鍵とともに傘をつける権利が与えられてきた。それゆえに、イタリアの紋章で傘が重要になったのである。「銀白の地に朱色の日傘、権力の象徴、最高の権威、そして真の友情」である

移動天蓋《オンブレリーノ》（あるいはウンベッラ）は、皇室の、王家の、そして聖職者階級の象徴で、パヴィヨンに由来する。この移動天蓋は……私たちのパラソルのように開く。その色分けは、教皇には赤、枢機卿には赤か時期によって紫、司教には緑か紫、一定の特権を与えられた聖職者には紫、ローマの代議員には赤と黄色、ローマの君主には刺繍の王冠があしらわれた傘となっている。［タルボット伯爵の娘はボルゲーゼ家の王子に嫁ぎ、一八四〇年に死んだとき、傘が棺台のうしろからさしかけられた。］付属品——球か小旗——が頭頂部を飾り、永遠に控えの間に、同色のクッションのそばに置かれる。高位聖職者が馬車に乗っているときには、屋根に置かれ、歩行するときは前で誰かがさしかける。

この二つの場合、ある特別な状況でのみ使用される移動天蓋は同色の鞘に納められる。クッションはそれを使う権利を与えられた高位聖職者が教会に行くとき、あるいはひざまずかなけ

ればならないときだけ、外に出てくる。(11)

今日、これらの習慣はほとんどすたれ、儀式用の傘を使用する権利を与えられていても、その特権を知らない人が少なくない。ウンベッラはふつうの傘とよく似ているがたいていはもっと平らで、めったに見られないが、例外的に、プロヴァンス地方のアルル周辺などヨーロッパの特定の村で、行列のときに教区司祭の上にさしかけられる。これはローマ帝国の末期以来、根強い伝統によって連綿と伝えられた習慣である。一世紀前のイギリスでは、たいていは白か金色の布のウンベッラがカトリックの司祭や司教につきしたがうこともあったが、今では一般に天蓋にその地位を奪われてしまった。現在では、行列で聖体を覆うのにもっともよく使われるのも天蓋である。ごくたまにウンベッラがかわることがあり、教皇の旅行時に、聖体がそのすぐそばで、しばしば崇敬を表わすパラソルに守られて運ばれた伝統を思い起こさせる。

第五章　実用的な傘——一五〇〇年〜一七五〇年

十六世紀の初めには、傘は南ヨーロッパの国ぐにで、おもに宗教にかかわる道具であるだけでなく目新しい流行品としても知られていた。ポルトガルの女性は、これまで見てきたように、植民者が報告したアジアやアフリカの習慣に影響を受け、召使いに日よけをさしかけさせたし、ポルトガルはパラソルを作ってヨーロッパに紹介した最初の国だと言われている。この主張は、古代ギリシア＝ローマ時代とそれからのちのイタリアの傘を考えると、おいそれと信じるわけにはいかないが、傘がポルトガルでどこよりも普及していたことはまちがいない。モロッコに地理的に近いスペイン人もこの習慣に注目し、トルコに隣接するヨーロッパの国ぐにも、トルコでさされていた東洋風のパラソルに気づいていた。

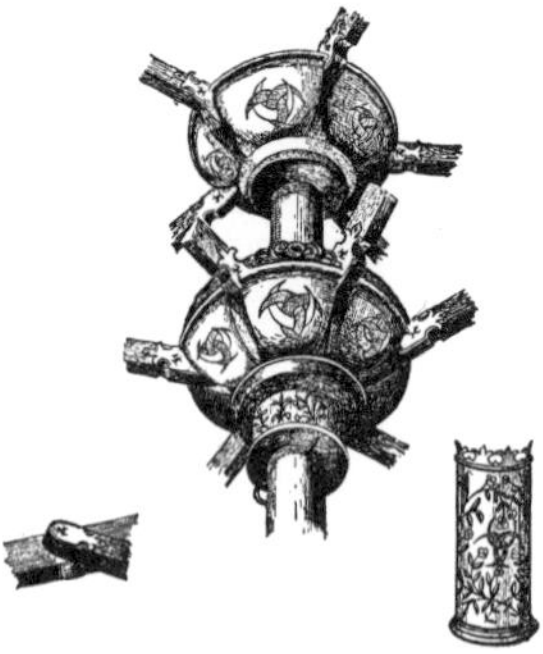

ディアーヌ・ド・ポワティエの傘の枠部分。16世紀半ば

北方では、一五三七年にシュトラスブルクで出版されたダシポディウスの『辞書』にゾンネンシルム、すなわち日傘が載っているが、ドイツの人々が実際に傘を使っていたのか、あるいはその存在を知っていただけなのかは定かでない。メディチ家のカトリーヌ・ド・メディシスは一五三三年にのちのアンリ二世となるオルレアン公に嫁ぎ、フランスにパラソルを持っていったと考えられている。アンリの愛人ディアーヌ・ド・ポワティエはカトリーヌの夫だけでなくファッションもうらやましかったにちがいない。ディアーヌが持っていた日傘は流行の先端を行くとてつもなく豪華なものだったが、デザインは見るからに扱いづらそうだった。現代まで保存されている枠の断片から、中国製だったと考えられる。スコットランド女王メアリーが一五六二年に持っていた「小型の天蓋は、長さ七十センチの深紅のサテン製で、金と深紅の絹の縁飾りと房と、色を塗った小さなボタンがたくさんあしらわれ、女王に日陰を作るためだけにさしかけて使われた」。女王はその数年前にフランスの宮廷に滞在したときにこの日傘を手に入れたにちがいない[1]。

一五五〇年から一五九〇年のあいだに行なわれた狩りでパラソルが携行されたことは数名のフランスの著作者が述べている。ただし、オクターヴ・ユザンヌの考えによれば、この人たちは「まちがいない史実よりも、はでな道具立ての方に関心を持っていた」[2]。淑女が馬に乗り、片手で日傘をさして広びろとした田園を横切っていくなどとはおよそ考えられないだろうが、狩りの休憩時に女主人を日差しから守るために召使いがパラソルをさしかけたというのは、古代文明でもあったことで、じゅうぶんあり得る。さらに、このような行事が始まるのを待つ時間は、最新のファッションを人に見せるかっこうの口実となり、数年後には、ご婦人方は競技会に集まってはイタリアから取り寄せた新型の日傘を見せびらかすようになった。

とはいえ、一般のフランス人は一五七八年にはまだパラソルを知らなかったも同然らしく、アンリ・エティエンヌの『対話』でセルトフィルはフィランゾヌに次のように尋ねている。

スペインとイタリアの身分の高い人たちが、蠅ではなくて、日差しから身を守るために持っている道具を見たことがあるかい。それは棒で支えられていて、畳むとほとんど場所を取らないつくりになっている。だけど必要なときにはぱっと開いて丸く広がって、三、四人がじゅうぶんに入れるんだ。

フィランゾヌは見たことはないが、話にはよく聞くと答え、こう付け加えた。「だけど、フランスの女はそれを持っている男を見たら、めめしいと思うだろう。(3)」

二年後、モンテーニュはトスカーナのルッカという町で、ご婦人方が「古代ローマの時代からイタリアで使われている」が、「頭を保護するよりもむしろ腕にとって重荷である」日傘を持ってい

パラソルをさして馬に乗るイタリアの貴族。16世紀後半

るのに気づいた。[4] 当時の版画には、貴族が馬に乗り、持ち手の先端をにぎって華麗な小型の傘をさしている姿が描かれており、この傘はほどほどに軽かったと考えられる。

当然予測されることだが、この時代のはっきり日傘を取り上げた記述にぞくぞくと登場するのは王室に好まれた日傘である。一五八二年にマントヴァのゴンザーガ公爵の娘アンナ・カテリーナがチロルのフェルディナンド大公に嫁いだとき、嫁入り道具のなかに四ドゥカートの値のついた傘があった。パリのオテル・ド・サリは「アンリ四世のペパン」（ペパンは英語のもっと後の時代の「ブロリー（こうもり傘）」に相当し、傘の愛称である）と呼ばれるパラソルを何年間も保管していた。そのパラソルは青い絹の大きな生地に金色のユリの紋章があしらわれていた。これらの傘の製造についてはほとんど知られていない。この業界は技術の詳細を後世に残すたぐいのものではなかったのである。実用的な傘はたいてい小さな店で作られ、製法は東方の慣行を基準にしていたのかもしれない。その一方で、皇室用と教会用の意匠は専門家の作品で、それぞれの組み立て工程は別の熟練者にゆだねられていた。

ユトレヒト詩篇から写した素描〔一〇〇頁参照〕をのぞけば、イギリスで初めて傘が描かれたのは、ナショナル・ポートレート・ギャラリーでもひときわ奇妙で有名なサー・ヘンリー・アントンの肖像画で、エリザベス朝の外交官だったアントンが一五七〇年代の後半に馬でアルプスを越えてパドヴァに赴く途中で日光をさえぎるために白い傘をさしている姿が描かれている。この場面は、中心となる肖像を取り巻くアントンの生涯のできごとの一つを表わすものである。画家は今も不明で、作品は一八八四年まで個人が所有しており、それまで傘の歴史家の目に触れなかった(5)。

アントンが没して二年後の一五九八年にロンドンで発行されたフロリオの伊英辞典、『言葉の世界』には次のような定義が見られる。「ombrella《オンブレッラ》、扇、天蓋、国王用の豪華な布製天蓋、イタリアで夏に乗馬するときに使われる丸い扇あるいは日よけの一種。小さな日傘。」翌年、パーシヴァルの『西英辞典』のジョン・ミンシュー版では、tiresol《ティレソル》をquitasol《キタソル》(quitar—さえぎる、sol—太陽)と同じ意味に定義している。「中国で使われる帽子の一種、つばがたいへん広く、貴人が頭上にかざし、天蓋のように短い棹ないしは棒があり、……日差しから身を守る。」英語の文献を見ると、quitasolには十五通りの表記があり、最古のものは一五八八年に出版されたロバート・パークの翻訳書に出てくる「絹製の二本のquitasoles」である(6)。

イギリスの旅行家は傘を表現するのに、sombrero《ソンブレロ》とかshadow《シャドー》とか、ほかのきわめて漠然とした言葉を使っている。

> 彼らはあちこちに漕いでゆく。あらゆる商品を船に乗せて、日差しから身を守るために大きな

ソンブレロすなわちシャドーを頭にかぶる。ソンブレロは椰子の木やイチジクの木の葉でできており、荷車の車輪のように大きく、とても軽い(7)。

それらの言葉がこのように詳しく説明されていることはふつうはなかったので、書かれたものが何なのか南ヨーロッパかアジアに行ったことのある人にしか理解できなかっただろう。英語の文章で「傘」(umbrella) という言葉がいちばん最初に比喩的に使われたのは一六〇九年のジョン・ダンの次のような記述だが、これを理解できた人は多くなかったはずだ。

富や栄光に焦がれ、くじけるとき、私たちには肉体という現世の洞穴があり、私たちは考察によってその中に入り、身を冷やす。つらく暗い運命に凍え、身を縮めるとき、私たちの中には魂という外のなによりも明るく暖かい松明がある。私たちはそのように作られているのである。私たちはしたがって自分自身の傘であり、自分自身の太陽なのである(8)。

ダンは若いときに外国に旅をしたと考えられ、イタリアに行ったときに傘が使われているのを見たのか、あるいは旅行の解説書で傘の記事を読んだのかもしれない。

W・ストレイチーも一六一〇年にバーミューダ諸島について述べたときに次のように言及している。「(椰子) の葉はイタリアのウンブレッロのように大きく、この下に入れば大嵐のはげしい雨から全身を守れるだろう。[9]」ベン・ジョンソンはスペインの宮廷でつまずいた女性の話をするとき、「すると彼女は傘のように平らに広がって倒れた」と書いた。[10]だが、これら昔の作家の中でだれよりもわかりやすく説明したのは、かの有名な徒歩旅行者トム・コリアットで、一六〇八年に北イタリアのクレモナを訪れたときに、傘がいかにしゃれているかを次のように書き記した。

ここで一つの品物について述べよう。すでにイタリアに旅したことのある読者諸氏にはつまらぬことに思えるかもしれないが、それでもかの地に行ったことがなく生きているあいだにかの地を訪れるつもりのない少なからぬ人びとにとっては、しごく目新しいであろうから、これに触れぬわけにはゆかぬ。少なからぬイタリア人は、安くても一ドゥカートはする立派な物を持っている。それはイタリア語でふつうウンブレッラと呼ばれ、つまり、焼けつくような日光から身を守るために体の上に影をつくるものである。ウンブレッラは革製で、形は小さな天蓋とでも言おうか、中にはいくつかの小さな木の骨が輪のように張りめぐらされ、これによってかなり大きく広げられる。とりわけ馬に乗る人が使用し、騎乗するときには手で持ち、持ち手の端を片方の腿に留めつける。ウンブレッラは乗り手に大きな影をつくり、上半身に当たる日光をさえぎる。[11]

コリアットはイギリスに見本を持ち帰らなかったらしいが、ロバート・トフトは持ち帰り、一六一八年三月三十日付の遺書で、「私がイタリアで購入した、香水をしみこませた革製の、金の縁飾りのあるウンブレッロ」を贈与している。そのころにはイギリスにも外国から持ち帰られた傘がほかにも何本かあったにちがいなく、たぶんリチャード・コックスは一六一五年に中国人からもらった「一本の立派なキテソル」を国に持ち帰っていた(12)。

同じ時代のこれまた旅行家のファインズ・モリソンは、傘をまっすぐにささずに頭の後ろに傾けてさす方法を勧めている奇妙な迷信を記した。

暑い地域では、日光を避けるために、(イタリアのように)ウンブレル、つまり頭上にかかげる小さな天蓋のようなものをさす地域がいくつかある。だが学識のある医者から聞いた話によると、ウンブレルは錐体の頂点に熱を集め、それを頭に垂直に浴びせる。その害を避けるような持ち方を知らなければ、ウンブレルの使用は危険である(13)。

一六二四年にボーモントとフレッチャーは『女房を牛耳り、女房をものにする』で傘を隠喩的に使って、アルテアにこう言わせた。

もうお楽かしら？　気分は落ち着いたかしら、
さあ、あなたには日陰が、傘があるわ、

あなたの立派な信望を
焼けつくような世間の意見から守るための。(14)

これらの古い言及ほとんどすべて日傘を指しているが、一六三〇年にマイケル・ドレイトンは、傘が雨の日に使われることを暗示している。傘とはこの詩に使うには妙に散文的なものの感じがする。

鳩なら、私はすてきなつがいを飼っている。
鳩は、君が外へ出たいときには、
頭の上でやさしく舞ってくれるよ、
けがれない額に日が差さないように。
そしてすばしこい翼で扇いでくれるよ、
冷気や熱が君を焼かないように。
そして傘のように、その羽で、
どんな天気も防いでくれるよ。(15)

そのころのデンマークでは、既婚の貴婦人は「日差しから身を守るためにベルベットでできたフランスの日よけを額につけているが、それはわが国（イギリス）の昔の貴婦人がフランスから借用し、ボングレイスと名づけたもので、今ではわが国ではまったく使われていない」[16]。では、わが国では代わりになにを使ったのだろうか――日傘だろうか。これを使った証拠はなく、それでいて劇や詩に間接的な言及がぞくぞくと出てくるのは、なんともわけがわからない。というのも、ごくさりげない調子で触れられていて、傘やパラソルがイギリスでよく知られ、おそらくは使われていたような印象を与えるのである。それでも両者を認識できるのはコリアットやモリソンの読者と大陸帰りの人から傘の話を聞いたことがある者に限られていたのはたしかだろう（ほかにたまたま出てくる言及はおおむねきわめて曖昧）。

とはいえ、流行はたしかにイギリスに近づいていた。一六二二年に作られ、漠然と「聖イグニーの収集」といわれている版画には、「教会にいるフランスの貴族」が日傘をさしている姿が描かれている。その三年前に、ルイ十三世は「日なたで使うトルコとドイツの傘を五本」持っていた。そして当時、フランスの喜劇役者タバランはとてつもなく大きいフエルトの帽子をパラソルのご先祖様と称して人々を楽しませていた。もっともこの喜劇役者の取り柄は新しい流行を広めたことだけである。

ヴァン・ダイクはイタリア滞在中の一六二七年頃にエレナ・グリマルディ公爵夫人がパラソルを使っている絵を描いたが、それに続くイギリス訪問中に描いた作品のどれにも傘を描く口実が見つからなかったらしい。そのころオランダでは、数名の画家が作品の中にパラソルを描いた。狩猟の場面を専門に描いたフィリプス・ワウェルマンの『狩りの出発』では、狩猟の開始を待つ貴婦人が大きなドーム型の傘を手に持っている。ピーテル・ラストマンは一六一九年に『ナウシカアとオデュッセウス』の中で、イタリアに一時滞在したときに見たのではないかと思われるパラソルを描いている。レンブラントの素描画、『東方三博士の礼拝』にはオリエント風の大きな傘と傘持ちが描かれている。

もう一人の画家シャルル・ルブランは、フランスの大法官で庇護者のピエール・セギエに小姓が二本のパラソルをさしかけている絵を描いた。昔から、この肖像画はセギエが一六四〇年一月二日にルーアンに入るところを描いたと言われている。もしそうだとするなら、野心家の大法官は当時は王族の特権となっていた習慣を侵害したと非難されても不思議はない。

A.ヴァン・ダイクによるエレナ・グリマルディの肖像（ワシントン・ナショナル・ギャラリー蔵）*

セギエが仕えた国王、ルイ十三世は、一六一九年の五本の収集をさらにふやし、よりどりみどりの傘を持っていた。十八年後には光沢ある薄い絹地のタフタ織りの日傘十一本と、金と銀のレースの縁取りがある油布製の傘三本になっていた。どっしりとしたオーク製の

ジョン・イーヴリン『園芸家の暦』のタイトルページ*

柄と八十センチの長い親骨のせいで、これらの傘は重さが一・五キロもあった。しかし少なくとも、そのころには、晴れの日と雨の日に使う傘の区別ができはじめた。雨の日には、油布や、ラクダ織りに似たバラカンや色つきの絹毛混紡の織物が使われた。油布はトリノのジャコモ・マリジなる人物が発明し、一族はほかの店に知られるまでその秘密を数年間かたくなに守った。

一六四四年十月にジョン・イーヴリンはマルセイユで傘を買うことができた。その二十年後の一六六四年六月二十二日にはパリで初めて中国製の紙の傘を見たと日記に記している。それは中国のイエズス会士がトムソンと呼ばれるカトリックの司祭に贈ったもので、イーヴリンはこの傘を「わが国のご婦人方が使う扇に似ているが、はるかに大きく、長い持ち手がついており、変わった彫刻がほどこされ、中国の文字で埋められている」と説明する。同じ年に出版された『園芸家の暦』のタイトルページには黒人の召使いが閉じたパラソルを持っている絵が描かれている。

マリア・テレサは一六六〇年にルイ十四世に嫁いだとき、馬車に乗り、小さなパラソルをさしてサンタントワーヌ門からパリに入った。儀式では、馬に乗った紋章官が、パラソル・クーデ・ザンビエ（傾いたパラソル、つまり、おそらくは天幕）のなかから式次第を読み上げた。騎乗した王妃を描いたニコラ・バザンの肖像画では、王妃のうしろで小姓が走りながらパラソルをさしかけている。

そのあと十七世紀の終わりまでフランスの文献で傘について述べたものはほとんどないが、俳優のニコラ・バリヨンは一六七六年に「とても暑い日で、かの婦人は仮面か極上の革でできたパラソルを携えていた」と記している。

J.D.ド・サンジャン『田園を散策する淑女』（N.ボナール原画による）

しかし、当時のいくつかの版画には日傘を手にした女性が描かれている。J・D・ド・サンジャンの『田園を散策する淑女』では貴婦人が片手でパラソルをさし、もう一方の手に杖を持っている。傘製造業者はまだその二つを合体させていなかった。アントワーヌ・フュルティエールとピエール・セザール・リシュレの当時の辞書は、いずれもパラソルを載せ、後者はパラソルをさすのは女性だけで、「しかもそれは、春と夏と秋に限られる」と述べている。

＊＊＊＊

イギリスでは傘をさす人はまだいなくて、傘は一六五六年頃にジョン・トラデスカントが〔ロンドンの〕サウス・ランベスに収集した「トラデスカント博物館」つまり「珍品奇品コレクション」で展示目録の「日用品」に分類されるほど珍奇なものと考えられていた。清教徒《ピューリタン》政権は派手な色彩のパラソルのような軽佻浮薄な品物の使用を認めなかったが、ひょっとすると、天の恵みの雨に濡れないようにする傘が一世紀後に槍玉にあがるのを見越していたのかもしれない――雨は正しい人にも正しくない人にもひとしく降るのである。

ブラガンザ家のカタリナは一六六二年にチャールズ二世に嫁いだとき、傘を嫁入り道具の中に入れて持ってきたと言われている。その傘は、ポルトガルの通常のデザインどおりならば、質素で大きかっただろう。たぶん、チャールズは、王政復古宮廷の明るく大胆な衣装とくらべてぐっと陰気なポルトガルの服飾品をよしとしなかったのと同様に、そんな傘をさすなんぞお気に召さなかったと思われる。サー・ウイリアム・ダヴィナント（一六〇六～六八）はスペインを舞台にした『その男が主人だ』で日傘に触れている。召使いのホドレットはイサベラに、「パラソルも傘もボングレイスも持たずに、あなたといぅとても明るい太陽に近づくなんて[17]」この私をどうしようもない男と考えておいででしょうと語る。ジョン・ドライデンの戯曲にも傘をほのめかす箇所があると言われている。おそらく外国を舞台にしたもので、その中で登場人物は貴婦人に傘と扇をお持ちしましょうと申し出ている。［現在、イングランド南西部チップナムのダーハム公園にある鉄炉の背壁は十七世紀の作とされており、当時の衣装が描かれていて、とりわけパラソルが目につく。とはいえ、背壁がどこの国で作られたのかは明確にはわかっていないし、現在の所有者はその信憑性を保証するつもりもない。］

とはいえ、パラソルがチャールズの宮廷で広く使用されていたことをうかがわせる証拠はない。もっとも一、二の歴史家は傘が紹介されたのはこの時代だろうという仮説をたててはいる。ジョン・ロックは一六七六年にモンペリエの近郊で傘が使われていることに感心したが、その際、傘が自国ではほとんど知られていないことをそれとなく述べている（ロックはその前の数年間をロンドンで過ごしたが、ロンドンは外国の流行がまっ先に広まる町である）。「女性が日なたで乗馬するときに使うきれいな覆いのようなもので、藁でできており、皿にかぶせる錫の蓋に似た形をしている[18]」

たしかに防水性の傘はロンドンではまだ使われていなかった。雨が降ると道行く人びとは雨宿りのできそうなところに駆けこむか、外套をかぶらなければならなかった。サミュエル・ピープスは一六六八年四月六日の日記に次のように記した。「今日は午後にヨーク公爵とセント・ジェイムズ公園に出かけたら、雨が降ってきた。公爵に外套を貸す羽目になり、公爵は公園にいるあいだずっと外套を着ていた。」ピープスは別の機会に四人の若いご婦人を雨から守るために外套を差し出したと日記に記しているが、このときはもっとうれしかったにちがいない。
しかし、宮廷ではまったく異なった型の傘が一六八二年にたしかに登場し、五月に『ロンドン・ガゼット』が次のように報じている。

ウィンザー、五月十六日。日曜日に朝の礼拝のあと、バンタム国王の大使は……両陛下に謁見し……、謁見室では、随行員のうち数名が槍を、二名が傘を持ち、そのほかに国王の侍従が二名おり、かつては国王自身にさしかけたように、二本の傘を大使の信任状と貢ぎ物の上にさしかけた（それを彼らは国家の大事と見なしている）。侍従長とともに御前に出ると（槍を持った通常の召使いは護衛室に残り、二本の大きな傘を持った従者は退去して、謁見室の扉の内側に立っていた）、一行は国王陛下の玉座に近づき、うやうやしくお辞儀をした……。(19)

夕方には、大使はルパート王子に二本の大きな傘を贈呈した——それから数カ月のうちに王子が急逝し、インドネシアのバンタム王国が衰退したのはまったくの偶然だろう。その後しばらくのあいだ、バンタム国王の傘はイギリスでは語りぐさとなり、三十六年たっても『エンターテイナー』誌は、当時流行の帽子は「バンタム国王のために傘を使わずにすむような」デザインであると皮肉たっぷりに述べている。(20)

イギリス人が一般に傘をどのように考えていたかは、一六八七年にセントスウィズンレーンのブルーコート・コーヒーハウスで行なわれた絵画即売会で「ばかばかしい品物の部」に入れられたことから察しがつく。「立派な傘一山その他の骨董品」である。その一山とは昔の愛好家の収集か、あるいは輸入業者がためこんだものだろう――ひょっとすると、前国王の時代にルパート王子に贈呈された傘を誰かが売り払ったのかもしれない。

当時の定義を見ると、傘はまだ珍しいと考えられていた印象が強い。トマス・ブラントの『奇妙《グロッ》な言葉の解釈集《ソグラフィア》』は、「アンブレロ」を「丸くて広い扇の一種で、インド人や、インド人から知ったわが国の貴人は、これを使って日差しや火の熱から身を守る。そのことから、何であれ女性が太陽から顔を保護する小さな影、扇などをも意味する」と解説している。これは同じ時代のコトグレイヴの『英仏辞典』がオンブレルに与えた定義に似ている。そのころのイギリス人にとってこの言葉が実際上の役に立つ唯一の使い道は隠喩しかなく、デヴォン州バーンスタプルにある教会の墓石に刻まれた墓碑銘にそのような形で登場している。墓碑銘は一六八四年五月一日に「生まれて六年目に」死んだジョン・ボイス・ジュニアを追悼するものである。

天にあるこの者ヨハネは祝されてあれ
さるにても、彼の傘のいかに早く色あせしや
土くれから生まれ、夜には跳ね、

昼には枯れる、我らのか弱き肉体のごとく

ところが、一六八五年から一七〇五年のあるとき、防水性の傘が突如としてこの国で真価を認められた。残念ながら、もっと正確な日付がわかる情報は見つかっていないが、一六九六年にジョナサン・スウィフトは『桶物語』でプロテスタント非国教徒の代表だったジャックについて書いている。「大きな羊皮紙は……ジャックが床につくときにはナイトキャップとなり、雨の日には傘となった。[21]」それだけを見ても、この一節はなにも証明していないが、傘が世紀の変わり目にたしかに民間に普及しはじめたことを考えると、このあまり知られていない言及は、それ以前のほのめかしとは語調を異にし、傘に突然人気が出たことを示している。

それでも、これを受け入れるなら、この一節は、男性が傘を使っていたことを示していると認めざるをえない。ところが新しい防水性の傘は華奢なパラソルよりもはるかにさしづらく強い握力を要するのに、どの証拠を見ても新しい防水性の傘を使ったのは女性だけだと指摘されているのである。カージーの一七〇八年の『英語辞典』は「アンブレラ」あるいは「アンブレロ」をそれ以前の辞書よりも明確に定義している。「幅の広い扇あるいは垂れ幕の一種、通常は女性が雨から身を守るために使う。」

服飾史家のなかには、イギリスで最初の軽便傘はもっぱら上流階級の女性が使ったと考える学者もいる。このことは、一七〇八年にドルリーレーンで初演されたトマス・ベーカーの『淑女の気取り』の「レドンホール通りのトレイプス夫人は、道行く紳士の邪魔にならないように傘を脇に引いている」[22]というせりふからもうかがえる。ところがスウィフトの『都に降るにわか雨の描写』の一節は、労働者階級の女性も傘をさしていたことを示している――とはいえ、たいていの人はいまだに雨宿りをしようと店や出入り口に駆けこんでいたようだ。

雨降り止まず滝のごと
今やこの町水浸し。
店に逃げこむ女ども、
けちはつけても買いはせぬ
水噴く中で学生《テンプラー》は、
やがて馬車《くるま》を呼ぶ気配。
お針子ばたばた裾からげ、
傘の覆いに水走る。[23]

ちなみに、これは著作家の間でおおいにもてはやされた一節で、この人たちはほとんど例外なく、傘に触れた古い例として引用し、先にあげたスウィフトの『桶物語』のもっと古い一節は無視、あるいはご存じなかった。

これら昔の傘はコーヒーハウスの入り口から馬車まで歩く客が雨に濡れないように店に置かれていたが、男が借りると、たとえその状況からして適切な行動であっても、めめしいと思われた。それは、『フィーメイル・タトラー』誌の一七〇九年十二月十二日号に掲載された痛烈な勧告に見るとおりである。

税関に勤める若い紳士が雨が降るのを心配して、コーンヒルにあるウィルのコーヒーハウスで女将の傘を借りた。このようなときに頭のてっぺんから足のさきまで濡れないようにしたければ、女中の木靴を履けばよろしいと勧告しよう。

傘をとりあげた詩でこの時期の、あるいはいつの時代でももっとも有名な作品に、一七一二年のジョン・ゲイの詩がある。

りっぱな主婦にはきびしい冬もなんのその。
頭巾をかぶって身を守り、
油《ゆ》引きの傘で身を覆い、
木靴をはけば雨の道行き障りなし。
ペルシアの貴婦人は花のかんばせ守るため

豪奢な傘をひろげもしよう。
東の君主は威儀をおもてに見せるとき
奴隷に日傘をささせもしよう。
冬のイギリスに助けとなるもの一つあり。
氷雨衝《つ》いて歩く乙女を守る傘(24)。

同じ詩のもっとあとの節は、雨が降ったときに男性がなにを頼りにすべきか教えてくれる。シュルトゥ、すなわち一六七〇年頃にとり入れられた長い、ゆったりした外套である。（つばの広い帽子も雨をしのぐ道具として人気があった。）

所変われば名前も変わるが、
とやかく言わずにただこのシュルトゥ。
値ごろで丈夫なカージー織りを、
着ればすっきり、雨にも濡れず冷えもせず(25)。

ニューカースル・アポン・タインの聖ニコラス教会は、一七一七年に傘一本に二十五シリングを支払った。これは傘が教区委員の帳簿に記録されたもっとも古い例の一つである。この傘の価格は当時としてはかなり安かったが、十年後にチェスターの洗礼者聖ヨハネ教会の教区委員が自分たちの傘に支払った代金はわずか十シリングだった。こういった昔の「教会の傘」はおそらく標準的な傘で、そのころはとても大きかったが、のちにとくに教会墓地で使うために入れられたほんとうに巨大な傘に比べればたいしたことはない。ウィリアム・ホーンの『備忘録』にはケント州ブロムリーの傘の例が記されている。

木の持ち手が可動の柄に取り付けられ、先端には鉄の石突きがはめてある。地面に突き立てると……高さ二メートルになる。生地は油を引いた緑色の帆布製で……籐の骨に張られている。開くと直径一メートル半に広がり、墓地で埋葬の儀式を執り行なう聖職者のために品のよい広々とした覆いとなる。同じ目的のために考案され、教会墓地で墓から墓へと、司祭や牧師を乗せてごろごろ転がされる番小屋のような乗り物にくらべて、どこから見てもかっこうがいい。[26]

ランカシャー州のカートメル小修道院には、有名な傘が一本いまだに保存されている。ただし、一八七七年のW・T・ハイアットの言葉は信用できない。「これは三百年以上も昔の傘で、病人のもとに聖体を運ぶときにその上にさしかけられたと申し上げよう。[27]」

一七二二年にブリストル市の出納係は、降りた馬車から歩いてくる判事と行政長官を守るために二十五シリングで傘を買った。翌年、同市の聖フィリップス教区は傘の修理に五シリング支払った。

十年後、教区は「この傘のための油布五メートル」に十二シリング六ペンス支払い、新しい傘を二ポンド十シリングで買うことをようやく決定したのは一七四四年だった。そのころには価格が上昇し、一七四七年十一月十一日にプリーストリ教区は傘一本に箱と送料込みで三ポンド六ペンスを支払っている。これら昔の会計から、傘はロンドンかおそらくそのほかの二、三の大都市でなければ手に入れられず、業者は大陸から輸入していたことがうかがえる。

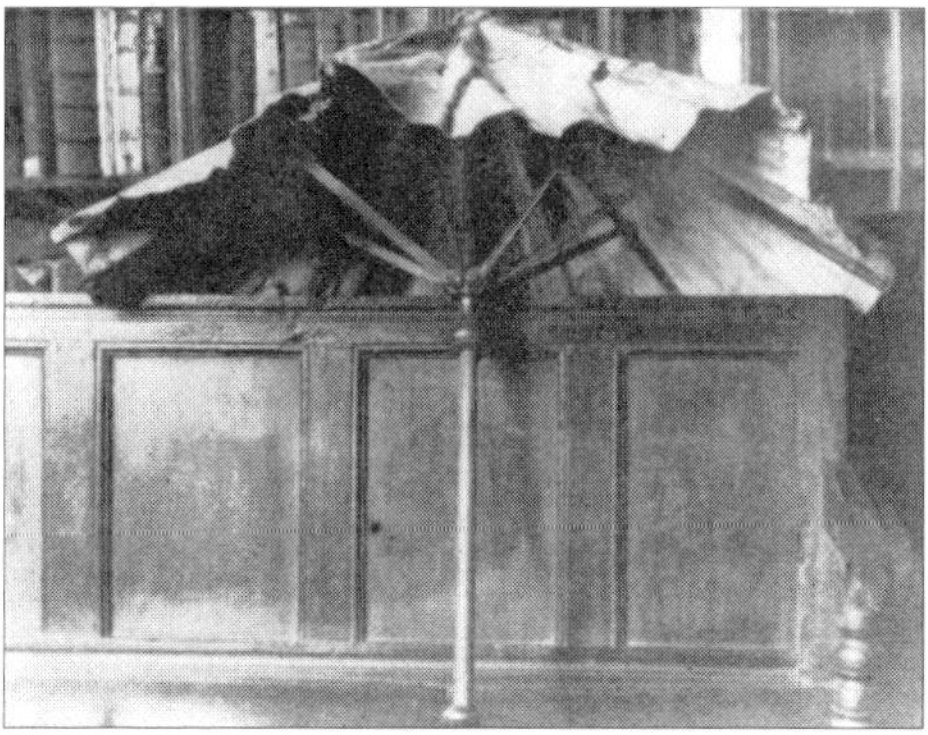
ランカシャー州カートメル小修道院にあるどっしりした昔の教会の傘

＊＊＊＊

海峡を渡ると、世紀の変わり目ころに傘の本格的な商業生産が始まり、パリのマリユスのような業者は独創的な工夫をこらした。マリユスのポケットパラソルは親骨が折り畳め、軸が二、三の部分に分かれるねじ込み式で、簡単に分解してポケットに入れられる手ごろな大きさになった。傘は隠しておくことができ、必要なときにさせば、雨に濡れることもなく快適で、仲間の通行人の冷やかしに気楽に耐えることができた。

マリユスはまた、折り畳み式の正方形の傘を作り、

パリの傘製造業者マリュスの広告

パリ王立科学アカデミーの賞をとったが、少しも人気を博さなかった。マリユスはもうひと工夫こらし、生地が風に吹かれておちょこにならないように、ふつうの傘に軸の中央から二本の親骨の端に紐を渡すことを思いついた。ところが、たちまち具合の悪い点が二つ明らかになった。そのように留めつけられていない部分が、以前の傘と同じようにひっくり返るし、またこわれやすく、強風で傘が手に負えなくなろうものなら、傘をさしている人が紐で絞め殺されそうになる。それでもマリユスは新しいものにどんどん挑戦する実業家で、製品をポスター広告で宣伝し、広告の中には、傘の重さがわずか百五十グラム前後という信じられないようなうたい文句もある。

ほかの業者もマリユスのあとに続き、やがて、十五フランから二十二フランで道ばたの行商人から買える傘を宣伝する広告がパリの町に現われた。ドイツの『フランクフルター・インテリゲンツブラット』紙は一七三四年に「日差しをさえぎる縁飾り付きの小さな傘と雨天用の黄色と茶色の大きな傘」を宣伝している。

ドイツでは、日傘は一七二〇年代には一般に使われるようになっていた。一七一五年の『婦人百科』は次のように定義している。

パラソルは、本来は、小さな棒に支えられた油布製の覆いを意味し、女性が暑い日差しから身を守るために頭の上にさす。とはいえ、この国では、女性は雨が降るときにこれを使用する。開いたり閉じたりできる。

防水傘が取り入れられる前は、ドイツの女性はレーゲンカッペンと呼ばれる大きな肩掛けを使っていたが、女性たちの好みはフランスの影響を受けて変化した。だが男性は、はじめのころは、この例にならうのをためらった。プロイセンでは、フリードリヒ・ヴィルヘルムがフランスの流儀をことのほか嫌っていたため、傘が受け入れられるまでによけい長い時間がかかったのだろう。嫌ってはいながら、フリードリヒは将来フリードリヒ大王となる息子と娘にムーア人のお供が円錐形の傘をさしかけるのを許し、二人のその姿をアントワーヌ・ペーヌが一七一五年頃に描いている。

イギリスでも、日傘は傘にもまして目立つことなく流行に忍び込み、一七三〇年にはしっかり定着した。この年に描かれたベッドフォード公爵夫人の肖像画では、夫人は大陸風にパラソルをさしかける黒人の召使いを従えている。肖像画はチャールズ・ジャーヴァス作とされ、現在ウォーバーン・アベー〔ベッドフォード公爵のカントリーハウス〕に展示されている。この場合、傘持ちはステータスシンボルのようなもので、イギリスでは地位の高い貴婦人でさえ自分で日傘をさした。

パラソルには二重の魅力があった。流行のおしゃれとなっただけでなく、女性が日焼けやそばかすを防ぐために何世紀も使ってきたさまざまな野暮ったいベールや仮面（それよりは品のいい扇）のありがたい代用品ともなった。とはいえ、しばらくは、手に入れられる型は決まりきっていて、大陸の輸出業者が選んでイギリスに送りこんでくる品次第ということが多かった。目新しいものがほしければ、ご婦人はパリから取り寄せなければならなかった。

自分自身のために日よけをさしたヨーロッパ大陸の紳士にならおうとするほど肝っ玉のすわった男性は、イギリスでは記録に残されていない。（ミカエル・モロシーニは代議員という高い身分にあり、総督をのぞいてヴェネツィアで最初にパラソルをさした人物だと言われている。緑色で小型のみごとな作りのパラソルで、モロシーニはこれを十八世紀の半ばにゴンドラで運河を往来するときに使った。）しかし、そもそも、当時雨天に傘をさすのを習慣にしようとするイギリスの男性でさえほとんどいなかったのである。一七三六年のベイリーの『英語辞典』は、これは淑女の特権であるとはっきり述べ、「アンベラ」を「小さな日影。アンブレラ、ボングレイスともいう。影をつくるために女性が頭の上にかぶる覆い」と定義している。

しかし、パラソルは徐々に広まっていたとはいえ、一八世紀の中葉にはまだまだふつうに見かけるにはほど遠かった。さてこのへんで、パラソルがあらゆる服飾装身具の中でもっとも重要なものの一つに穏やかに発展していくことはひとまずおいて、もっと実用的な傘にもっぱら目を向けるとしよう。実用的な傘には、雨に濡れないようにするふつうの手段として受け入れられる前に、悪態の嵐にさらされる運命が待ちかまえていたのである。

第六章　ついに出た傘人気――一七五〇年～一八〇〇年

防水性の傘は、イギリスで入手できるようになってから半世紀が過ぎても、まだ本当の人気を得るには至らず、日常的に使用されることはなかった。ときどき使われるとしても、建物と乗り物との短い距離の移動時に使用人がさしかけるか、葬儀のときに地面に突き立てることができる場合に限られた。大降りのときに女性が持ち歩くこともあったが、にわか雨を予測して携帯することはめったになかった。それというのも、傘の所有が珍しくなくなってしまうと（防水性が当てにならないこともあって）、利得よりも面倒のもとになりがちだったのだ。

傘の構造は、新品のときでさえ恒常的に使用しようという気持ちをそぐものだった。重い鯨骨でできた親骨は、ノッチ（軸への接続部分の刻み目）に蝶番式に取り付けられているのでなく、一本のワイヤに数珠繋ぎにされていたので、しょっちゅう配列が乱れる。そのうえ鯨骨は雨水で湿り過ぎると弾力を失い、不注意に乾かすと割れてしまう。現代の基準から見ると不必要に大きい生地は木綿で、油や蠟で不透水性にしたと称していても、実際はすぐに水がしみ込んで漏るようになった。いずれにしても、頑丈な軸に据え付けられたその仕組みは重すぎて使い勝手が悪く、畳んだときには抱えて歩かなければならなかった。すると、湿った傘は保護するはずの衣服を汚すことになる。マリユスが制作した軽量型はそれよりもはるかにましだったと思われるが、そのあとどうなったかわからない。多分、使い勝手が悪かったのだろう。そうでなければ現代の技術が今述べたような不体裁な品のほかに、軽くてしかも使い勝手のいいフレームを生み出せた理由がわからない。しかし、これだけはわかっている。大陸の製造者は十八世紀半ばにはすでに、こうした構造上の欠陥の排除に取り組んでおり、その結果、フランスではこうもり傘が人気を得ていた。一七五二年十二月四日にジェイムズ・ウルフ中佐（後のケベックの戦闘で有名）は、パリから故郷の父親に次のような手紙を書き送っている。

こちらの人びとは、暑い日に日差しを避けるために傘を使います。そして、雪や雨を避けるためにも同じようなものを使います。これほど便利なものがなぜ、あれほどにわか雨が多いイギリスに紹介されないのでしょう。特に、広めることに何の不都合も見あたらないのにもかかわらず。(1)

しかし、こうもり傘のパイオニアとしてイギリスで最も有名な人物――ロンドンに傘を紹介したとよく言われ、発明したとまで言われることもある――は、ヒントをフランスから得たわけではなかった。この人物とは、博愛主義者のジョナス・ハンウェーで、外国を旅したときに、「ペルシア人は日差しを気にしない……その点ポルトガル人は全くちがって、旅するときにはマントとウンブレロをめったに手放さない(2)」と書いた。イギリスへ帰ったハンウェーは、外出時にはほとんどいつも、新発見のおもちゃを持ち歩いた。『旅行記』の挿絵には、立派な傘をさしているハンウェーの姿が描かれている。一七八六年のハンウェーの死後、ジョン・ピューがこんなことを書いている。

雨が降ると、小さな雨傘が彼の顔とかつらを守った。こうして彼は、いついかなるときにも、だらしない姿や不体裁をさらさずに人前に出ることができた。彼はまた、大胆にも傘をさしてロンドンの通りを歩いた最初の人物である。彼が三十年近く使い

ジョナス・ハンウェー。イギリスで初めて傘をさした人物(ヴィクトリア時代の想像画)

続けた後、ようやく一般に使われるようになった(3)。

しかし、この一節からは、ハンウェーがこうもり傘を雨よけばかりでなく日よけとしても用いたのかどうかはわからない。ハンウェーは、傘を持ち歩き始めたころ、健康が優れず、顔色が悪かった。初めて傘を持って往来を歩いたときにセンセーションを起こしたことは確かだし、もしも雨の日と同様に晴れた日にも高々とさしていたら、物笑いの種になっただろうことは、容易に想像できる。マリン・ソサエティの設立者でファウンドリング・ホスピタルの理事という社会的名声にもかかわらず、浮浪児の格好の標的にされた。おそらくこの新しい退避手段が広まれば生計が脅かされると心配した御者が、浮浪児をけしかけもしただろう。雨は人間を濡らすために降るのに傘をさすとは、天の摂理に逆らうものだという批判も受けた。しかし、ハンウェーはそれでもこうもり傘を使い続け、しばらくのあいだ、すべてのこうもり傘が「ハンウェーの」と呼ばれたこともある。

ジョナス・ハンウェーのこうもり傘の実物は、十九世紀末まで保存され、ある有名人の子孫であるエリース・A・ストロング夫人が所有することになった。後に、ストロング夫人は、マリン・ソサエティの書記への手紙にこう書いている。

まことに申し上げにくいのですが、あのこうもり傘は、紛失しました。でも、持ち手は象牙で、小さな果物と花の彫刻が施されていました。生地の外側は薄緑色のシルクで、裏地は灰色のサテンでした。広げると小さなテントのようで、閉じると、面白い具合に全部畳みこまれて、男性の手ぐらいの長さにまとまるようになっていました。(4)

この情報によると、それはフランスの、多分レナール製の傘だったと思われる。レナール社は「三角形に折り畳めばクラッシュハット〔畳んでも型くずれしないソフト帽子〕並の厚さと大きさになるパラソル」を製造していた。そのデザインは、軸も親骨も何回か折り畳めるジョイント式で、そこそこの人気はあった。

一七五八年に、ドクター・ジョン・シェビアが傘の長所を宣伝する栄誉を得た——とは言っても、当時本人はそれに気づかず、ありがたくもなかっただろう。彼は名誉毀損の罪でさらし台に立たされたとき、多分どこかのティールームから借りたとおぼしい傘をさしかけてくれる人を雇った。十二月の寒い日に、雨と不親切な群集からの飛び道具を避けるためである。ミドルセックス州知事のアーサー・ビアーズモアは、その医師に好感を持っていたと思われるが、許可なく処罰を軽減したため後に裁判にかけられ、傘を許可したことでも非難された。

一七六〇年にベルヴェデア・ハウスが出版した『ロンドンとその周辺』という六巻からなる作品に、傘がいくつか登場する。ところがその四年後、ロンドン旅行中のフランス人が「ロンドンの人は、われわれの使うようなタフタや蠟引きシルクのこうもり傘を使う習慣がなく、外国人にも使わせない」と書いていて、「新しい気取った仕掛け(5)」を持ち運ぶ大胆な人に向けられるぶしつけな反応がここでも明らかである。それどころか、こうもり傘を使う人が浮浪児から冷やかされるよりももっとひどい目に遭わされたことまでほのめかしている。同じ年にパリに滞在していたホレス・ウォールポールは、別の視点から書き記す。「私が最も驚いたのは、……彼らと私たち［フランス人とイギリス人］の大きな違いだ……彼らは雨のときに帽子を被らずに、傘をさして往来を歩き回る。(6)」

イギリスの初期の傘。18世紀末に使われた不恰好なモデル

おそらくイギリス製と思われる非常に古い傘がある。ラベルは、「イギリス製傘第一号。一七六五年。ケンダル」となっており、レスターのケンダル・アンド・サンズが保存している。軸は茶色の木製で長さ九十一センチ、周囲約五センチ、持ち手は扁平でそれよりやや太い。鯨骨の長さは六十六センチで、金属の受骨がついている。生地――後世のもの――は、緑のシルクで、色あせた黄色の縁取りがある。これはイギリスで作られたごく初期のものと思われる。一七六六年にはヒースなる者がジェノヴァ向けに補充用の傘を出荷しており、彼はその仕事で継続的に手数料を受け取っていた。彼の妹が十一月二日にエクセターから出した手紙によると、「私たちの傘は大変便利です。こちらではだんだん流行になってきています。何本か売れました。弱い雨のときはよいのですが、

風があると手に負えません」[7]。

カラッチョリ侯爵が、一七六八年にパリのファッションについて次のようにコメントしている。こうもり傘は、後にロンドンに入ってきたときと同じような扱いをされたと考えてよさそうである――とは言っても、雨の日は月に一度で済まなかったことはまちがいない。

ここしばらく、外出するときには必ず傘を持つことにしている。不便を忍んで六カ月間毎日持ち歩いたが、使ったのはざっと勘定しても六回ぐらいである。しかし、下層階級に属していると思われたくない人は、徒歩通行人と見られるよりは傘なしで濡れるほうを好む。傘を持っているのは、乗り物がないしるしなのだ[8]。

その翌年、ある会社がパリのポンヌフ橋を渡るときに日差しを遮るパラソルを歩行者に貸し出す独占権を得た。客は橋の一方のたもとにある受付でパラソルを借り、反対側で返せばいい。フランスの首都内でほかの公共の場にも使用地域を拡げる計画が立てられたが、結局立ち消えになった。しかし、H・W・バンベリーが、一七七一年に『パリのポンヌフの眺め』という作品で、卑しい身なりの男が安っぽいパラソルを使っている様子をありのままに描いている[9]。傘を貸し出すアイディアは、折々取り入れられたが、長く続いたためしはなかった。

一六七九年に、アルヴァストンの教会委員の会計報告に次のような項目が記録されている。

		ポンド	シリング	ペンス
一七六九年六月三日	ジョン・キャノンへ　傘用パイク			八
一七六九年　　七日	W・ケンダルへ　教会用傘	二	二	〇
	送料ロンドンより		三	十一
	カンヴァス布		一	〇

W・ケンダルとは、前述の傘を提供したケンダル商店と関係があるのかもしれない。ここでは、輸入業者または代理店だろう。教会用傘は、どうやら四百五十キロ離れた首都でしか入手できなかったものと思われる。ジョン・キャノンが納入した鉄製パイクは、牧師が埋葬式を行なうときに下級聖職者が持っていなくて済むように、傘の軸に固定して地面に突き刺して使うためのものである。教会用傘は作りが頑丈で、ジェイムズ・ウッドフォード牧師が一月のある葬儀のときに使用したところ、大変な悪天候にも持ちこたえたという。「風が非常に強く、雪が降りどおしだった。風は顔にまともに吹きつけ、息もできないほどだった。[10]」

一七七〇年代早々には、ベッドフォード公爵夫人の発案とされるライヴァルが現われた。カラッシュと呼ばれるもので、鯨骨か籐でできた四、五本の半円形アーチの上に、黒いシルクの折り畳み式幌が載っていた。それまでは同じような構造の幌が馬車に使われており、カラッシュ（幌つき馬車）という名前はそこからくる。それを小型化したカラッシュは、日陰を提供し、風のある日には傘よりも暖かく、扱いも楽だった――ただし、かぶっている人が風に向かえば別で、そのときは幌が風をはらんで帆のようになってしまう。

＊＊＊＊

一方、アメリカでは傘の人気が急上昇していた。ただし、重宝されたのは、日よけとしての機能のほうで、植民地の女性たちが日光から身を守るために使っていた直径五十センチもあろうかという大きな扇に比べれば格段の進歩だった。一七三八年に、クエーカーのエドワード・シッペンが、九シリングの傘をコンスタンティン号でフィラデルフィアへ輸入した。その二年後、コネティカット州ウィンザーのある佳人が、西インド諸島から輸入した傘をさしていたのを、近所の人がほうきの柄の上にふるいを載せてまねをし、からかっている。しかし、一七六八年には、ボストンの新聞に広告が載るようになり、一七六八年六月の『ボストン・イヴニングポスト』には、次のような広告が出た。

アイザック・グリーンウッド、ターナー製の傘（Umbrilloes）。フロントストリートの店舗にて直売中。美マホガニーフレーム、象牙または真鍮製石突き、四十二シリング六ペンス、無地。他、四十シリング。プリント、三十六シリング。美ペルシア製アンブレラ、完成品、六ポンド十シリング。上質シルクは応相談。創作、趣味、倹約のために自作をご希望のご婦人向けに軸またはセットもご用意。御誂《あつら》えは一点十五シリングにて。

その前月の同じ新聞では、オリヴァー・グリーンリーフが「極美グリーンとブルーの傘」を宣伝している。そして、別のボストンの商人は、「自分で布を付けたい人用　傘のフレームセット」の在庫を報じている。

一七七二年に、ボルティモアのある小売商人がインドからパラソルを輸入し、その地域であれこれ取りざたされたが、必ずしもすべてが好意的なものではなかった。フィラデルフィアの名士と医師が、パラソルは熱病とただれ目の予防になるとすすめたが、話にならない軟弱さと非難する人もいた。クエーカーのナサニエル・ニューリンは、チェスターの集会にこうもり傘を持って行ったところ、六回もペンシルヴェニアの議員を務めたことがあるのに、ほかのクエーカーから精神が世俗的な証拠だといさめられた。また、あるクエーカーの少女がこうもり傘を見せびらかしたところ、所属する教会の先輩会員から次のようにとがめられた。「ミリアム、あなたの臨終のときには、それをさしかけてあげましょうか？」[11]

一七八六年のアメリカ先住民の記録に、「シャイエン族がシャドーズ――父なる冬――を殺した」とある。これはどういう意味か、はっきりしないが、アメリカ先住民の権威E・S・カーティスによると、「シャドーとは、初めて傘を使ったダコタ族であることを暗示している」とのことである。[12]

上述のボルティモアの小売商人が、なぜ地球を半周ほどしたインドからこうもり傘を求めたのか、その理由は理解しがたい。ボストン、あるいは西インド諸島からなら、もっとずっと簡単に手に入ったはずである。カリブで生産されたかなり多くの傘が、アメリカ本土、あるいはヨーロッパにまで販売されていた。一七七六年には、ストックデールなる人物がグラナダで一本買い、ランカシャー州のカートメルで使用した。六年後、別のストックデールがパリ製のシルクの傘に十五シリングを費やしている。家計簿にほかに送料のようなものが記載されていないとすれば、安い買い物である。[13]

このシルクの傘を作ったのは、手袋、財布、ベルトなどを製造していた「財布屋」と呼ばれる業者と見られ、一七七六年八月に一つに合併した。この日付の条令は次のように告示している。

この者のみ従前通りすべての種類の傘とパラソルを製造する権利を有する。すなわち、鯨骨と銅を用いたもの、折り畳み式とそうでないもの、上部をシルクとリネンの素材で装飾したもの、油布の傘などあらゆる様式の装飾つきパラソルを製造することができる。[14]

****

こういった製造業者は、最初は傘を完成品にして売っていたが、後にはフレームだけを作って婦人帽の製造人に渡し、そこで顧客の求めに応じて布が張られるようになった。流行は絶えず変化するので、フランスの首都には完成品の日傘はわずかしか在庫がなかった。代表的な傘は金属管の内部に螺旋形のばねを入れた軸を使い、そのばねが内部のロッドをしっかり上へ押し上げるはたらきをしていた。

この内部のロッドに接合される受骨は、ふつうなら親骨の下にあるが、この傘の構造はそれが親骨の上にある。また、生地に隠れるほど短かった。中空な軸の中に収められたばねの弾性で、内部のロッドが押されてストレッチャーを持ち上げ、それにより親骨も持ち上がって、通常の状態ではいつも傘が開いたままになっている。強制的に閉じておくためにはキャッチがあり、キャッチをはずすと勢いよく開く。閉じやすくするために、四本の親骨にそれぞれ細紐が付けられ、持ち手まで渡してある。傘を閉じたいときには、この細紐を結びつけた環を持ち手に沿って下げれば、簡単にできる。(15)

デザインは、ほとんどが小型化を大きな特徴としており、十八世紀末の製造業者は、製品のサイズを縮小して扱いやすくする努力を続けた。持ち手は、銅製の重い球に持ち運び用の環がはめられていたのを、取り外しができるようにした。また、三十インチ（七十六センチ）の親骨は、ワイヤに結びつける代わりにノッチに蝶番式に留められるようになった。一七八五年頃、アミアンのゴスランがばねつきパラソルを発明した。軸が入れ子式の四本のスチール管でできていたが、このアイディアは三千年前に中国人が考えたのと同じである（三七頁参照）。ゴスランは、初めてしなやかなスチールの親骨を蝶番式に取り付けた人とも言われている。それは三分の二の長さに折り畳むことができた。ほかに開閉のためのスプリング固定具がついているタイプもある。また、生地はフレームの上に一枚の丸い布——キャラコまたはシルク——を張る慣わしだったが、チョークで描いてセクションに分けたものを裁断する方法が好まれるようになった。

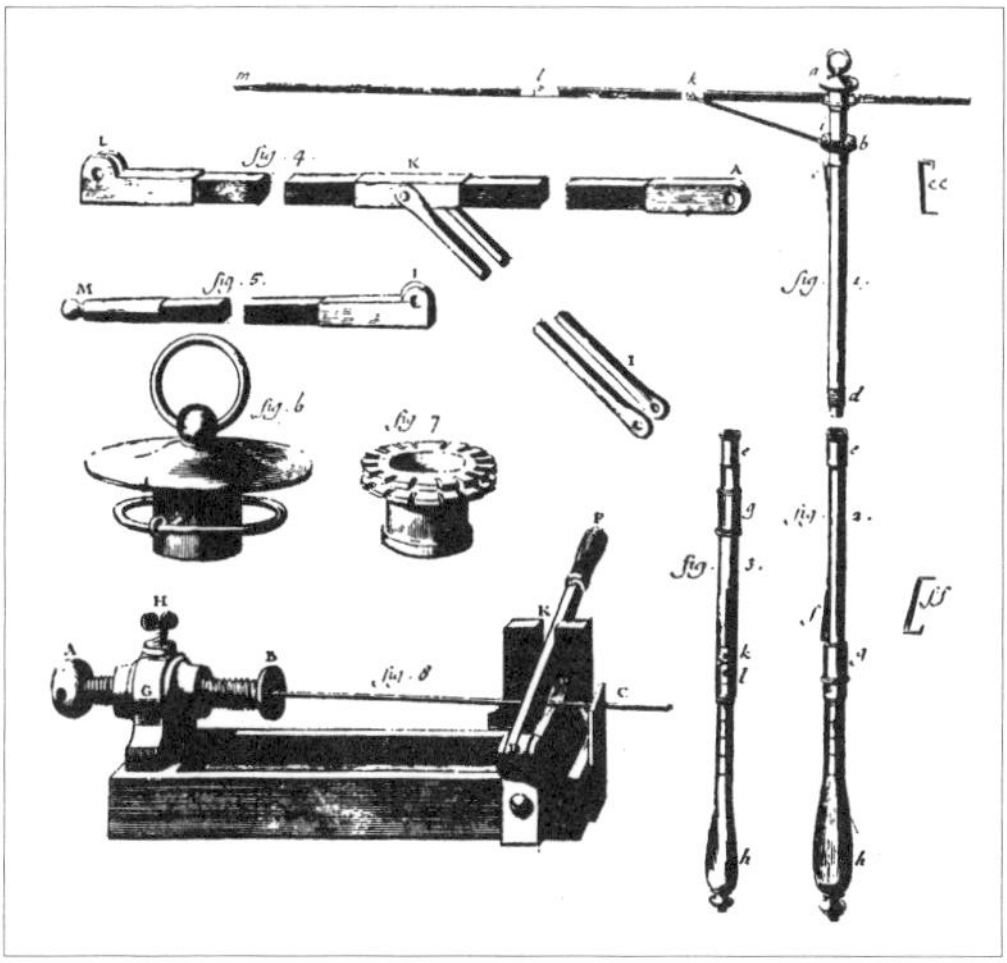

傘のフレームとリブカッター。
フランス、1760年頃

　イギリスの製造業者は、ごく少数いたとしても、まだ開業したばかりで、生産高はごくわずかだったと思われる。一七七五年の八月十九日に、ブリストルの小売商人が地方新聞に「シルクその他　傘の在庫あり」と広告しているが、おそらく輸入品だろう。その中には赤い傘も含まれていたが、評判はよくなかった――ブリストルでこうもり傘を持ち歩こうものなら、だれでもあざけりの対象となるのがおちだったことを思えば、驚くに値しない。例外は、すぐ近くのステイプルトンの教区牧師ヘンリー・シュート師で、師はそれより前の一七六六年に一本手に入れていたが、聖職者の服装のおかげで無事に持ち歩くことができた。ついでながら、教区がこの保護具を気前よく提供してくれたことは、牧師の住居費として年額二ポンドの手当てを支給していたことを考え合わせれば納得がいく。実のところ、聖職者は傘の購入者の中では早い部類に属していた。多分、教会用傘の使用体験があったことと、衣服が意地の悪い非難からの免責を保証してくれたおかげだろう。こうして、やや注目されるようになり、売れ行きが多少とも増したことは、価格の低下にもあらわれている。一七七七年五月二十日には、ハルのスカルコーツの教会用傘が二十三シリングだったが、六年後にクランブルックの教会用傘は、わずか十二シリングになっていた。

このころ、ハートフォードシャー州のソーブリッジワースに住むウォリー氏が、ある雨の日曜日に教会のポーチから走り出て、家族が濡れずに帰宅できるよう、傘を取ってきた――これが、隣人たちにたいそううらやましがられたという。スタムフォードでは、ルヌアールという人がオランダから中国製の傘を輸入して、流行の先駆者になった。ある中部地方の町でそれを紹介した人物は、その後「アンブレラ」ハーヴェーと呼ばれるようになった。また、真偽は疑わしいが、こんな話もある。初代ロバート・ピール卿の義弟が定期船に乗っていたとき、ある船客が緑色の傘を持っていることに気が付いた。「楽器をお持ちのようですね。一曲聞かせていただけませんか」と言うと、その客は誇らしげに傘を広げ、その用途を説明したとのこと。[16]

一七七〇年代のロンドンには、テオドラ・ド・ヴェルディオンという有名人がいた。「彼女は見るからにグロテスクで、大きな三角帽から髪をだらりと垂らし、ブーツを履き、どんな天候のときにもステッキと傘を手放さず、傘はいつも肩に担いで持っていた。[17]」ド・ヴェルディオンは見かけが男っぽいので本当の性を疑われたこともある。傘使用者の「世間的評判」を上げる役に立たなかったことは、まずまちがいないだろう。

一七七七年八月、『ウェストミンスター・マガジン』が、読者の啓蒙を試みた。「シルクの傘、フランス人がパリソルと呼ぶものは、長い漆塗りのステッキの中央に固定されている。ステッキには象牙製の曲がった頭がついている。使うときには、ばねのしかけをステッキの頭に向かって押すと開くようになっている。」執筆者は当時輸入されていた傘を実際に試すことができる人はほとんどいないと思っていたのだろう。

ロンドンを徒歩旅行していたジョン・マクドナルドは、一七七八年一月にシルクの傘を持って首都の町を歩き始めたとき、通行人からジョナス・ハンウェーが受けたのと同じようなあざけりを受けた。

雨が降ってきたので、私は上等のシルクの傘をさした。すると人びとが私を呼び止める。「フランスのだんな、なぜ馬車に乗らないのかね?」特に、貸し馬車屋と駕籠かきが声をかける。しかし、私はこの連中のことはよくわかっているので、知らぬ振りをしてどんどん進んだ。当時のロンドンには、傘をさす人がいなかった。例外は貴族や名士の家で、雨の日に玄関で紳士淑女が馬車を乗り降りするときにさしかけて使う大きなものがあるだけだった。ある日曜日、私はノーフォーク通りに食事に出かけた。雨が降っていたので、私は頭上に傘を掲げ、妹は私の腕につかまっていた。タヴィストック通りで大勢の若者がやって来て声をかけた。「フランス人だな。傘に気をつけな。」「フランスの人、なぜ馬車に乗らないの?」妹は恥ずかしくなり、腕を離して先に走って行ってしまった。しかし、私はかまわずに、何をおっしゃっているのかわかりませんとフランス語やスペイン語で応じた。三カ月ほど続けると、ついには人びとも気にしなくなり、「こんにちは、フランス人さん」としか言わなくなった。それからは、ほかの外国人も、私が傘を使っているのを見て次々と使うようになり、そしてイギリス人も使うようになった。今［一七九〇年］では、ロンドンでもよく売れ、商売の一つとして立派に成り立っている。私は夜に事務員たちが集まるパブで、しゃれ男とかスコッチ・フレンチマンと呼ばれるようになった。(18)

当時のロンドンで傘が使われていなかったというマクドナルドの主張は、一七七八年（ハンウェーがまだ生きていた）以前の慣習についてわれわれが持っている情報と相容れない。先駆者としてのプライドから正確さを避けたのか、実際にその新しい流行が世間から忘れられようとしていたのかと想像するしかない。

有名な技師のジェイムズ・ワットが傘を知らなかったのか、あるいはばかにしていただけだったのかは、わからないが、ともかく、一七七九年十月十六日に、ワットは相棒のマシュー・ボルトンに宛てた手紙で、コーンウォールの採掘場の揚水機関を手伝いにきてほしいと依頼し、次のように付け加えている。「蠟引きリネンのマントを持ってくること。私の分も頼む。こちらでは毎日雨なので、ほんの数キロ歩いてもびしょ濡れになってしまう。」あるいは、傘などさそうものなら、乱暴なコーンウォール人からどんな仕打ちを受けることになるか、承知のうえだったのかもしれない。

イギリスのクエーカーは、アメリカのクエーカーと同様に、やはりこの新しい流行に抵抗を示した。ロンドンで開かれたある年次集会で、「アンブレラと呼ばれるこれらの新しい流行品の使用」について警告を発している。しかし、アイルランドのクエーカー、ベンジャミン・クラーク・フィッシャーは、この新しいアイディアが気に入ったあまり、ロンドンに注文を出し、それを積んだ船を迎えにシャノン川を漕ぎ下った。これが、できるだけ早く試したかったからなのか、密かに手に入れるためだったのかはわからないが、人に見せるつもりがないならば、傘がなんの役に立つだろう？　しかし、傘は最後にはクエーカーの気に入り、その柔和のシンボルにまでなった[19]。

スコットランドで初めて傘を所有した人は、エディンバラのスペンス博士で、一七七九年のこととされている。しかし、一七八二年のアレグザンダー・ウッドだとする記述もある。ウッドは人気絶大で、そのおかげで何をしても人びとに悪い第一印象を与えずにすんだだろうが、それと同じく、大きなギンガム傘のおかげで雨にも濡れずにすんだ。ジョン・ジェイミソン博士は一七八二年か三年に、パリからグラスゴーへ傘を一本取り寄せた。黄色の蠟引き布で親骨は籐製だった。往来でそれを広げると、群衆がびっくりして、ぞろぞろついて来たと面白おかしく書いている。

初めて傘を持った人は、このように人目を引き、しばしば笑いものにされたかもしれないが、少なくともジェイムズ・ヘザリントンのようなペナルティーを科せられることは免れた。ヘザリントンが一七九七年一月五日にシルクハットをかぶってロンドンの通りを歩いたところ、女たちは気絶するわ、少年たちは叫び立てるわ、大騒ぎになり、ついに市長の前に引き出された。市長は「頭上に背の高いギラギラ光る構造物を載せて公道に現われ、臆病な人びとを驚かそうとした」罰として総額五十ポンドの支払いを命じ、謹慎を誓わせた。

傘の人気は上がったが、逸話や風刺の材料としても登場するようになったことからすれば、その流行は定着したとはいえ、相変わらずコメントに値するほど珍しいものにはちがいなかった。

そのような逸話の例として、『グラスゴー・コンスティテューショナル』に次のような記事がある。

傘がこの界隈「パース近郊のブレアガウリー」に初めて入ってきたとき、喜んで使ったのは聖職者や地主ばかりで、一般の人びとは全く不思議な物と思って見つめていた。ある日、ダニエル・Mがブレアガウリー・ハウスのマクファーソン大佐のところへ地代を払いに行った。帰ろうとしたとき、雨が降り出したので、大佐が傘を貸しましょうと親切に申し出た。ダニエルはその申し出を丁重に誇らしげに受け、頭を普段よりも六、七センチ高くして堂々と立ち去った。しかし、ほんの少ししか経たないうちに、ダニエルはものすごい勢いで戻って来て大佐を驚かせた。貸し出された木綿の天蓋を頭上に聳えさせたまま敬礼して言うには、「か、閣下、だめです。おらとこの百姓屋には、傘が入るような玄関なかったです[20]」。

一七八〇年頃、B・Eが『マッシュルームとパフ』をスケッチしているが、それはつば広帽子と傘を風刺したものである。一七八二年一月に、ジェイムズ・ギルレーが『傘の会合』という作品を描いている。兵士と市民としゃれ男が傘をさして、どうやらもつれあっている様子。その二年後には、『傘の戦い』という絵画が発表された。ウェストミンスター大聖堂の近くで、にわか雨の中で傘をさそうとする人びとが、これもごったがえして苦労していている様子が描かれている[21]。

しかし、当時はまだ、社会の一部では傘を使うことに対して何かしら敵意があったようで、この新しい流行を取り入れた「恵まれない人びと」は、とんでもない嫌味を言われた。ウィリアム・クーパーは、一七八四年に出版した『務め』で、おしゃれをしてはしゃいでいる田舎娘のことを次のようにうたっている。

さっそく給仕男《ボーイ》に追い回されるにちがいない

ジェイムズ・ギルレー『傘の会合』
1782年（人々は明らかに、この新し
い仕掛けの扱いに苦労したらしい）

『傘の戦い』1784年（大英博物館蔵）

ぶざまな荷物に顔赤らめることはもはやなく
気にかかるのは裳裾と傘のことばかり(22)

その翌年、『タウン・アンド・カントリー・マガジン』は、「いつも傘を抱えた生意気な哲学者たちが町中にあふれている」と書いた。フランスでさえ、その流行を「フランスの鼠族」〔鼠とは小刻みに歩く臆病者のこと〕特有の現象ととらえる人がいたし、傘を持っている人を見ればだれかれかまわず、「本物の気取り娘」またはダンディとあだ名する人もいた。これも、一七八六年にリヨンの男性が金のレースで縁取った紅白のパラソルをさしていたと聞けば、さして驚くには当らない。しかし、ロバート・ルイス・スティーヴンソンは、その新しい流行を取り入れた人びとについて、独自の観察をしている。

この国に傘が初めて紹介されたときのことを少し考えてみよう。使うことができたのは、どんな暮らし方の人で、使い物にならない装飾的な杖に執着したのは、どの階級だったのか。第一は、まずまちがいなく、健康が心配でならない気病み症の人、あるいは、衣服が気になるつましい人、第二は、同じく明らかだが、しゃれ者、ばか者、ボバディル〔ベン・ジョンソン『十人十色』中の盛り場の顔役で大ぼら吹きなくせに臆病な軍人〕のような連中である。社会の発達を心得た人、また、ほんの小さなきっかけから大きな改革や、全く新しい相互関係が生まれることを知っている人はだれでも、傘を持つことが倹約、健康への留意、たんなる表面的な飾りへの軽蔑のしるし、ひと言でいえば、「品位」という言葉に含まれる素朴で堅実なすべての美質を意味するようになったことを、たちまち見てとるだろう(23)。

たとえば、英国学士院の一七八七年の紀要には、次のように記されている。「雨が降っているときには、防水傘を片手に持つことが許される。」このようなれっきとした励ましを得て、イギリスの傘製造業は勢いを新たにした。初期の傘には、持ち手にどんぐりが付けられたものがあったが、樫は雷神の木なので落雷を防いでくれるという迷信に合わせたものである。落雷を恐れる気持ちは、決して新しいものではなく、少なくとも十年前にデュブールという人物によって「避雷傘」が発明されている。これはベンジャミン・フランクリンの避雷針の理論を取り込んだものだった。

一七八七年に、チープサイドのトマス・フォルガムが「大評判の携帯用ポケット傘各種取り揃え」を宣伝している。「今までの輸入品や英国産にない、すばらしい軽さ、丈夫さ、エレガンス。あらゆる種類のふつうの傘をご用意。」

ポケット型は非常に魅力がありそうだが、どういうわけかあまり人気がなかった。多分、実用には具合が悪かったのだろう。

革命からのがれてきたひとりのフランス人司祭が、別のタイプの「ポケッタブル傘」をイギリスに持ち込んだ。『記録と疑問』に次のように記されている。

……スチールと真鍮の親骨を使った軽い構造になっている。親骨の中ほどでパラソルの柄のように折り曲げることができる。外張りは青味がかったグリーンのシルクで、内張りは黄色だった。柄はマホガニーで、二カ所の継ぎ目で折り曲げることができる。全部広げると、軽量にもかかわらずふつうのサイズになる非常に役立つ傘になった。すっかり畳んでケースに収めれば、楽にコートのポケットに入れて持ち運ぶことができた。(24)

フランスでは雨傘つき杖が市場に出ていたが、イギリスでステッキ傘は、まだ普及していなかった。そこで、傘を持ち運ぶときには、たいがい、脇に抱えるか、背中に背負う。石突きに環がついており、それにリボンを通すようになっていた。男性用傘の持ち手には、シベリア産の骨や牙を磨いてエッチングを施したものが使われた。一方、ヨーロッパ大陸の業者は、女性用傘の握り部分に空洞を作り、小さな筆記具や香水壜や化粧用パフを収納できるようにした。柄付きオペラグラス、望遠鏡、小刀を納めたタイプもあった。良質の生地用に、少量ながら油脂加工したシルクが入手できた。また、ファン・パラソルも売り出されたが、それはフレームに可動式の棒が付いていて、布を傾けて顔を守るようになっていた。これは流行したタイプの中でも、最も人気が出た。

十八世紀の最後の十年間は、傘がかつて持っていたやや軟弱なイメージを払拭するのに役立った。革命前フランスの第三階級の紳士たちは、一七八九年六月二十三日にルイ十六世の命令によってパリの議会から追放されたとき、誇らしげに傘をさして降りしきる雨から身を守った。社会階級の逆の末端では、革命のころに魚売り女も使い始めた。市場の魚売り女にとって、傘は雨を凌ぐためと、高貴な婦人との平等を主張するためと、二重の意味で役に立った。そのほか、一七九三年五月三十一日にテロワーニュ・ド・メリクール（自由のアマゾン）が魚売りの女たちと衝突したときにもご用を勤めた。傘でしたたか打ち据えられた彼女は、そのときの傷がもとで後に精神を患ったという。王妃マリー・アントワネットの腸で自分用のパラソルを作ると悪態をついた人物だそうで、そのことからすれば、あるいは因果応報だったのかもしれない。

イギリス海峡のこちら側では、別のタイプの急進派が傘の便利さを発見していた。ジョン・セルウォールは牢獄から解放されてから間もない一七九五年十月二十五日、パンの高騰に抗議する集会に出席した。当時の風刺漫画によると、暴徒に演説するセルウォールに、ならず者が嬉しそうに傘をさしかけている。やがて、傘は演説者の標準装備になった(25)。

それとは対照的に、その前年、ジョージ・スタッブズがジョサイア・ウェッジウッドのために制作した上品な飾り額には、馬車に乗った若い女性がパラソルをさしている様子が描かれている。この究極のお墨付きを得て、傘はまちがいなくすべての社会階級から承認されたと言うことができるだろう。

＊＊＊＊

傘をさすことにつきものの障害は、風の強い日の扱いにくさだが、一七七〇年代に、これを利用しようと本気で取り組んだ人びとがいた。当時の気球操縦者が、大風のときに傘を持つ人びとが演じる華々しい見世物からヒントを得て、傘の潜在能力を利用しようという意欲に燃えたのである。

ひょっとすると、そのヒントになったのは日本の絵画かもしれない。傘を持った女性が、恋の成就を祈願して清水寺から飛び降りている図〔鈴木春信作の美人画など〕である。あるいは、紀元前九〇年に完成した中国の『史記』かもしれない。その中に、舜帝の父瞽叟《こそう》が息子を殺そうとして、舜帝を塔へおびき寄せて火をつけたが、舜は円錐形の笠をたくさん結びつけて無事に着地したという記述がある。

一六八〇年代に、同じようなアイディアを思いついたシャムの僧侶がいた。彼は衣服の帯に二つの傘を結びつけて、大胆に飛び降りて宮中を楽しませた。これを読んだL・セバスティアン・ルノルマンは、両手に一つずつ傘を持って数回実験をした。その傘は、おちょこになるのを防ぐために、親骨の先端と軸が紐で結ばれていた。そのアイディアを勧められたジョゼフ・モンゴルフィエは、一七七九年に直径約二・三メートルのパラソルのようなものを作った。それに籠を付けて羊を載せ、高い塔から押し出したところ、籠は安全にふわりと着地した。

フランス人の理論によって、多数の飛行船が設計されたが、ジャン＝ピエール・ブランシャールは一七八一年に、緊急事態で機体を放棄しなければならないときに機体の上方に傘を開くことを考えた。その実験として、特製の直径七メートルの傘に小さな犬をくくりつけて落下させた。当時書かれたレスティフ・ド・ラ・ブルトンヌの小説『南での発見』には、「飛行機械」に傘をつけてパラシュートの役目を果たさせる記述がある。

トマス・マーティンも「気球が爆発したときに傘で降下する」という、同じアイディアを、一七八四年十月の『航空気球への指針』に書いた。ブランシャールは自分の「墜落抑止機」のひらめきをマーティンに盗用されたと思ったが、異議申し立てでは寛大なところを見せた。「傘を気球に応用することは、君の発見ということにしてもよい。しかし私の経験からすれば、それは少しも目的に合わない。」マーティンは、大風の中で傘を使ったことのある人ならだれにでも、傘の空気抵抗は明白だとやり返した。

フランス人の司令官ベルヌヴィルは、一七九三年にオルミュッツでオーストリアの牢獄から脱走を試みたとき、ふつうの傘を使って理論を実行に移した。あいにく、十二メートルの落下は予想より速かったが、幸いにも片脚を骨折しただけですんだ。

その少し後、ロバート・コッキングは、バルコニーから傘を落とすと、持ち手を下にしておいても、地面に着く前にひっくり返ることに気づいた。そのアイディアを応用して、「逆円錐形」パラシュートを一八三五年に考案した。その二年後、フルサイズモデルを使って自ら実験中に、はるか上空（高度数千フィート）の気球から落下して死亡した。

一八三八年に、ジョン・ハンプトンは幅四・五メートルの傘型のパラシュートを作った。長さ二・四メートルの太い鯨骨の親骨を竹製のつっぱりで支え、長さ三・四メートルの銅管の柄をつけた。ハンプトンはチェルトナムで、その実験装置を気球に取り付け、高さ二千七百メートルまで上昇したところで気球から切り離し、傘型パラシュートで落下した。下降に三十分ほど要したが、操縦者は無事に着地し、最初の成功を収めた。その後も六回ほど落下に成功している[26]。

傘は航空術の発達に役立ったばかりでなく、一八四四年には、ゴム製の膨張式救命いかだの試作品のテストにも使われた。ハルケット将軍はカンヴァス地の外筒と膨張式内管を持つボートを設計し、傘とパドルを動力源とした。同じように、ボイトン大尉は一八七五年に、海上用のボイトン救命着を実物宣伝したが、ウェストミンスターからグリニッジまでテムズ川を下るときに、一部の区間で傘を帆として利用した。その後、一八九六年に、別の人物が帆船用の「アンブレラリグ」を考案した。「その帆は広げると、まさに大きな傘を開いたようで、船のマストが軸になっていた。この帆はほかの形のリグを使った場合よりも、二倍の量のカンヴァスを運ぶことができ、船を転覆させることはなかった[27]。」

傘をさして窓から飛び出す若者たち。
18世紀フランスの版画*

第七章　ファッショナブルなパラソルとこうもり傘

パラソルとこうもり傘は、何世紀にもわたって混同されてきたが、一八〇〇年にはすでに独自性を確立し、それぞれのたどる運命もおのずと違ってきた。つまり、パラソルは流行の贅沢品という位置に落ち着いたのに対し、こうもり傘の浮き沈みはなかなか収まらなかった。たしかに、その世紀の変わり目には結構人気を得て、対仏戦争の費用を募るために課税する品目の候補に挙げられるほどになってはいる（ウィリアム・ピットは「傘に課税するのです。そして、今月いっぱい全教会で雨を求める祈りを唱えるよう、主教に命じさせましょう」と説明した）。しかし、依然として、こうもり傘の効用を信じない人が少なくなかった。イートンの男子生徒がこうもり傘を使い始めたとき、校長のジョン・キートはそのような「柔弱な新製品」を持ち込めば、わが校が女子校に成り下がると抗議した。するとさっそく、数名の男子生徒がスラウにある建物から「女子専門学校」という表札を取ってきて、高等科の入り口に掲げた。［こうもり傘の防御力をうらやましいほど信頼する校長が出現したのは、さらに何代か後のことである。二人の少年が、何かわけがあって、重さ七キロの物をウェストンズヤードの入り口の門に持ち上げていたとき、学長が現われた。頭上の危険を知らされた学長は、すばやくこうもり傘をさし、平然と下を通り過ぎた。］

小説家のマリアット大佐は『こうもり傘』をスケッチし、次のようなコメントを添えている。「これは、体格のいい人には悲しいほど小さく作られている。」[1]また、「近ごろではどの階級でも手に入れられるような材質で作られている」とか、「ここ二十年ほどで、あまりに普及して、召使までこうもり傘がないと使いに出ないようになってしまった」などと、こうもり傘にけちをつける人もいた。たしかに、こうもり傘は流行物というよりも実用品になっていた。ほとんどのものは、相も変わらずどうしようもなくぶざまで、高尚な人びとにふさわしいと考えられるのは、特定の業者があつらえるごく少数のものだけだった。

こうもり傘の代替品として、このころ取り入れられた流行に、アンブレラ・ボンネットというつば広帽子があり、一時は女性用こうもり傘に取って代わりそうな勢いだった。ウィリアム・ヒースは、このボンネットを、着用者ばかりでなく両脇でエスコートする二人の男性まで覆うように皮肉たっぷりに表現していて、自作の版画のまん中に、がりがりにやせ細ったうらぶれた傘売りを描いた。その傘売りの掲げるプラカードには、「貧しい腹ペコ傘に哀れみを」と記されていた。[2]

対照的に、パラソルは軽く優雅で、絶えずスタイルが変化し、さまざまな素材や色の品物を手に入れることができた。服飾品としても日よけとしても役立つのみならず、しとやかな持ち主を無遠慮な視線から守るためにも使われた。また、優雅に扱えば、最も効果的にあだっぽさを見せる助けにもなった。一八二三年の『ルイス・アンド・ブライトヘルムストン・ジャーナル』には、「このごろは、パラソルをささないのが流儀です。パラソルをさしていたら、殿方に姿を見てもらえないでしょうから。持っているということを示すために、ただ手にさげるだけにしましょう」と書かれている。パラソルをこれ見よがしにぶらさげるために、製造業者は象牙の持ち手の末端を環の形にした。しかし、一般的流行は、依然としてパリのモードの影響を受けていた。一八二一年、パリの最も優雅なパラソルは、

生地はインドモスリン。縁取りはフリンジではなく、美しいフェザーステッチ。縁には幅十センチのメクリンレース〔ベルギー北部の都市メヘレン製の模様入りレース〕。裏布は白まじりの空色。軸と持ち手は磨いた鋼。太い部分には美しい細工。持ち手はアカンサスの葉をかたどったもの。(3)

パラソルが多様なデザインと素材で作られるようになった状況は、オクターヴ・ユザンヌの日傘に関する文章から明らかである。

一八一五年から一八三〇年にかけて現われた無数の優雅な見本を見れば、年月の変遷や、季節の変化によって、小さなレディたちのパラソルの装飾にどのようなヴァリエーションがもたらされたかをたどることができる。ちょっとのぞいてみよう。こちらは、彩色したクレープ、ダマスク織りのサテン、チェックのシルク、光線模様のあるもの、ストライプ、文様入り。そちらはブロンドレースやレースの飾りつき、ガラスの宝石を刺繍したもの、コウノトリの羽毛で飾ったもの、金や銀のレース、シルクのトリミングをしたものなどなど。そして流行の日傘には、中間色がなく、白、麦わら色、ピンク、深い青緑、赤茶、黒、赤紫、藍色など、非常に明るいか暗いか。しかし、こうした日傘の流行を全部載せようとしたら、百ページあっても足りないだろう(4)。

その当時流行したパラソルは、ほとんどが女性の要求を考慮したものだった。流行は季節ごとに変わって、あてはずれなく儲けさせてくれるから、デザイナーは当然その市場に注意を向けていた。一方、こうもり傘は型がきまっていて、技術的な改良が時折施されたほかは、わざわざ特別あつらえの傘を注文する男性はごくわずかだった。たとえば、一八三〇年型の傘は、深い青緑色のグロドナプル〔横糸を余計に使った平織りの絹織物〕で、縁どりはなく、持ち手は中国産のクスノキでできていて、あっさりした金の板が付けられていた。

ブランメルは上流社会のリーダーで、ジョージ四世と不和になった後、独自の趣味のこうもり傘を考案した。それを作らせたのはカンに追放されていたときのことで、巻き毛のかつらまでつけた国王の見栄えの悪い肖像を象牙の持ち手に飾った、一風変わった傘だった。シルクの生地を巻き上げると、共布でできたケースにこじんまり収納できた。

ジョージ四世のこうもり傘は縞柄の縁付きの桃色がかったシルクだった。フレームは金属製で、親骨と受骨は堅牢なワイヤ。持ち手はずんぐりした木製で、先端は真鍮だった。当時ヨーロッパには、ほかにもこうもり傘を持っている君主が数名いた。王権の象徴としてではなく、単に雨から身を守るためである。そして、そのことをずいぶん手きびしく批判されている。最初に被害にあったのはデンマークのフレデリク三世（在位一六四八〜七〇）で、巨大で重いコットン製の傘は、威厳に欠け、フランスのルイ十四世のエレガントな傘とは雲泥の差だとこきおろされた。

フランスのルイ・フィリップは、見栄えが悪いこうもり傘を使っていると酷評を浴びた。国民は、あれはルイが英国訪問中に手に入れたのだろうとあてこするし、当時の風刺画は、その傘を「ムシュー・プリュドンム」〔俗悪愚昧な人物〕とあだ名された国王の強欲のしるしとして喜んでとりあげた。そのような影響のもと、こうもり傘は急速に、まじめ一方の小市民的ふるまいを意味するようになってきた。けち、凡庸とまではいかずとも、「秩序と倹約という家庭的な徳」の象徴である。また、それがフランスに限ったものでないことは、あるスコットランド人の作家の見解に見られる。

ステッキそっくりのまぬけ者がこうもり傘だ。私ならスパイク付きの上等なブラックソーンのステッキに願いたい。こうもり傘を抱えるぐらいなら、若い娘さんに腕を貸そう。私がひとり歩きで、あるいは腰掛けて、こうもり傘を広げる姿を目撃される日が来たら、そのときは私の最後の日だ。私が精根尽き果てたという証拠だ(5)。

しかし、かつては栄華を誇ったこうもり傘の衰退が最も明白だったのはフランスだった。再びユザンヌを引用する。

英国熱は、まだ今日［一八八三年］ほど、フランスの風習に浸透していなかった。一八三〇年のダンディズムは、ステッキを持つことは特別の熟練を要すると自負し、こうもり傘は本物のエレガンスに反するとはねつけた。こうもり傘は田舎臭い、じいさんばあさんの持ち物。我慢して持つのは、魅力ある装いなどとうに放棄した人と、プロムナードを征服者然といばり返って歩こうとは思わない人だけだった。パリの街角では、公共の場のいたるところに、赤やワインカラーの大きなパラソルが目立った。群衆にベランジェの歌集を売る放浪歌手の旗じるしの役

1840年代の典型的な紳士用こうもり傘。不恰好にふくれている。こうもり傘を肩にかついで運ぶことは珍しくなかった

を果たし、野外曲芸師の休息所になり、トリポリ石やどこにでもある軟膏を売る商人の急ごしらえの台の上にもそびえたった。いかさま師たちの馬車にも上った。後には鉛筆売りマンジャンの羽根飾りつきヘルメットの引き立て役にもなった。そして、いまでも銅のパラソルの下では……ワンマン・オーケストラが小さなベルを鳴らし、広場で興奮を引き起こしている。(6)

当時、こうもり傘が「ステッキと幌つき馬車の合いの子」と蔑視されたことは、それほど不思議ではない。これはオノレ・ド・バルザックが言ったこととされているが、その数年後にフランスのダンディ、オルセー伯爵が、よい馬車がないから、よいこうもり傘を手に入れようと宣言しているのと対照的である。

一八四一年、作者不明の『ふたりの辻馬車の御者による雨傘の生理学』という作品が発表され、軽蔑と皮肉はついに最高潮に達した。その作品にはルイ・フィリップをほのめかす個所が多く含まれ、ルイ・フィリップが中国製の玉座と王室傘を手に入れた市場の商人のように描かれている。同書にはこうもり傘の歴史の痕跡もいくらか見られる。ピタゴラスがそのアイディアをギリシア人に紹介したとふざけた調子でほのめかしているところもあるが、最大の貢献は、公共建物でこうもり傘を預けるときの手数料の全廃を要求したことだった。そのほかの内容は皮相的だが、当時の政治的社会的状況への言及は興味深い。

こうもり傘が社会階級を着実に下降するにつれ、エレガントな日傘はファッショナブルな装飾品として、ますます人気が上がり続けた。一八三四年、リシュリュー通りの一流商人ヴェルディエは、無漂白シルクのケース入りの商品を販売していた。軸はアメリカ産のキヅタで、金と珊瑚彫刻の装飾が施されていた。当時の雑誌と新聞は英語、フランス語を問わず、日傘が各種大量に店頭に置かれていることを絶えず報じている。

女性たちは、馬車の上を最新のパラソルの流行を見せびらかす最上の機会ととらえ、扇形パラソルの「マーキーズ」が「その目的に申し分なくかなっている」と考えた。これは、恋のたわむれにぴったりの小道具なので、別名「コケット」とも称され、マルキーズ・ド・ポンパドゥールの考案と言われている。五十年前にイギリスに紹介されて以来、断続的に人気を博していた。持ち主は、日陰を作るためにパラソルを傾ける必要がなく、傘布を蝶番で調整すればよかった。これは「馬車に特に便利」と判断された。一八三九年の「マーキーズ」の生地には、縁がフリンジでボーダー刺繍のある紋織り絹に人気があったが、一般に、乗り物で使うことを想定されたパラソルには、できる限り凝った装飾が施された。自分で馬や二輪馬車を操る女性のためには、先端にむちが付いたやや不恰好なタイプや、乗り物に固定できる大きな馬車用傘があった。

一八四四年に、ウィリアム・サングスターは「シルフィド」パラソルの特許をとった。その日傘は持ち手の端にバネが付いていて、片手で持ったまま閉じることができた。軸は金属製で、親骨は鯨骨、持ち手と先端は象牙の彫刻で、生地はタフタでフランス風レースの縁取りをしたものが多かった。しかし、色は非常に地味で、一八四八年に「あるカントリー・ガール」が「今度の夏にもパラソルが茶色だなんてとんでもない！」と『アート・ユニオン』に投書し、「青空や明るい花ともっと調和するものを」と提案している。彼女自身はスズラン（外側に軸のある）を基にしたデザインや、ゼラニウムの葉や蝶をあしらったデザインを考案した。その「反アポロ的なかわいい」アイディアは斬新で独創的だったが、ついに採用されなかった。しかし、ある会社がその後、ふつうの長さの軸が不要な、サイクロイド形のものを製造した。(7)

しかし、十九世紀の中ごろにくると、パラソルは一段と上っ調子なものになってきた。そして、しばしば、持つ人のドレスに似合うフリンジと布が選ばれるようになった。大事なのは、軸が「太陽の光線のように優雅で長い」こと。『エチケットの本』によれば、肉親に先立たれたばかりのレディは、夢見るような色のパラソルの助けを借りて心の痛手から立ち直ることが許された。喪服に合わせた黒い日傘が作られたのは、なお数年後のことになる。

女性は歩くときには、軸の丈夫な大きなパラソルか、時には、ステッキ傘を好むことさえあった。すなわちステッキ傘」に変身するものもなくはなかった。折々に、さまざまな仕掛けを施して市場折り畳むと生地も親骨もすべて、ステッキの内部にしまうことができて、「ラブドスキドフォロス、に出てくるたぐいである。ほかにも持ち手の部分に香水や筆記具をしまえるものや、フレームを開くラック・ピニオンのついたもの、カーテン式生地、軸に短剣が付いたものなどいろいろある。中には何年か前に大陸で考案されたものの二番煎じとはっきりわかるものもあった。

持ち手に瓶がはめ込まれていて、生地から雨滴を集めるものもあった。なぜ雨水を集める人がいるのか、まるでわからない。海外旅行中の人がまちがいなくきれいな水を飲みたくなったときのためなのだろうか。左右不均衡なこうもり傘と、持ち手がクランク式に曲がったこうもり傘は、ある共通の目的を目指して作られたもので、どちらも同じ不便な点があった。その目的とは、さす人の頭の真上を生地で覆うことだったが、実際には非常に不安定で、うまくいかなかった。その後さらに、ドイツ人が似たようなデザインのものを考案した。女性のふくらんだスカートを覆うために、片側を長くしたこうもり傘である。そのほかに気の利いたアイディアとしては、窓のあるもの、立てると笛が鳴るもの、親骨の各先端にスポンジが縫い付けられているものなどがあった(8)。あるヴィクトリア時代の作家は、『ジェントルマンズ・マガジン』に、そのような珍しい傘を持つ人のことを書いている。

折り畳み傘、ステッキ傘、ポケット傘、そういった奇抜な見掛け倒しの品を持っている人は、きわめてまれである。持っているとしたら、自分の頭脳から生まれたものをただで宣伝しようとする発明家か、奇抜な付属物を見せることで安っぽい評判を得ようとする、愚かなうぬぼれ屋である(9)。

十九世紀後半に入ると、小細工は少なくなり、海峡のどちら側でも、まっとうなこうもり傘に人気が戻った。ふつうの大きなこうもり傘は、まだ口やかましい人びとの目に不快なものと映ってい

こうもり傘問題〔美術館内のこうもり傘を認めるか否かで大論争に〕。『パンチ』誌の漫画、1862年

たが、製造業者が改良を重ねたおかげで、スリムで軽い高品質のものが、値は張るが入手できるようになった。パラソルメーカーは一時的に新しいアイディアが尽き、古くからの人気商品に変わった装飾を施すことで満足していた。一八五五年頃に人気が高かったポンパドゥール式日傘は、実は軸に蝶番のついた「マーキーズ」タイプとほとんど変わらない。パラソルの軸はどれも、真珠貝、象牙、犀角などを彫ったものがふつうで、サテンの生地に縁飾りや金やシルクの装飾が施されていた。

このころ、ナポレオン三世の皇后ウジェニーが、文句なしにファッション界のトップリーダーであることを象徴するかのように、パラソルを使い始めた。その十五年後、ケントでの亡命生活中にもまだそのパラソルを持っていたことが訪問者に目撃されている。そのころのお気に入りは淡黄色の日傘で、グリーンのシルクの裏打ちがあるものだったが、随員の多くはパラソルをステッキ代わりに使っていた。そのような一見たわいない観察もヴィクトリア時代の新聞読者を夢中にさせたにちがいない。女王ご夫妻がイースト・カウズで雨に降られたとき、老いた郵便配達人が傘をお貸ししたところ、その親切を五ポンド紙幣で報われたという話は読者たちを喜ばせた。一八七〇年に女王のパラソルの請求代金が五十二ポンド九シリングだったということも、もちろん興味を誘ったはずである。

当時の流行は今と同じように、王族の好みに簡単に左右された。一八六七年、リューマチのために脚が多少不自由になった皇太子妃アレクサンドラが、歩くときに身体を支えるため、非常に重いパラソルを使い始めた。王妃のパラソルばかりでなく、脚をひきずることまで真似されたという。しかし、ヴィクトリア女王が何者かに狙われた後、日傘の芯地に鎖かたびらを入れたとき、だれかがその真似をしたという記録はない。

このような扱いにくい日傘は最新の傾向と衝突することにはならなかった。六〇年代初期から、持ち手は太く、石突きはしっかりし、重厚なデザインになっていたのである。一八六一年の『英国婦人家庭マガジン』に、「パラソルは飾りがなく、プレーンな形のもの……パラソルとしてばかりでなく、こうもり傘としても使えるよう、かなり大きなものが一般に用いられる」と書かれている。一時人気があったパゴダ形のものも、依然として使われていた。生地は大きくフリンジのないものがふつうだったが、レースで縁取りしたものも少しあった。パゴダ形のパラソルは、親骨の集まる位置が軸のふつうよりも低いところにあり、そこから急に上に向いて、生地の中心がとがるようになっている。しかし、五年もしないうちにパゴダ形は人気がなくなった。持ち手が象牙や黒檀製で長く、縞模様の錦織りシルクの生地を張ったもっと小さなパラソルが出始めた。そのほかに六〇年代に流行したのは、ドーム形で、色は明るく、軸のてっぺんに陶磁器の玉がついたものである。グローリアと呼ばれるシルク混紡の生地も登場した。

七〇年代に入ってからは、日傘のモードと生地は季節ごとに変化した。一八八三年には、ユザンヌが次のように報告している。

あらゆる点で芸術的になった。斑点のあるフラール〔しなやかな薄絹〕製になったり、パラソルステッキのようにリボンとレースで飾られたり、そのあと、栗色、深紅色などが、チェックのタフタ、鮮やかな柄物プリント木綿、ポンパドゥールサテン、綾絹に続いた。持ち手は、マイセン、セーブル、ロンウィーなどの磁器や、あらゆる種類の宝石で飾られた。後には、結婚祝いの品として十数点の日傘が見られるが、その中に目を見張るようなものがある。生地全体はピンクのボビンレースで、白の薄布で覆われ、ヒスイの持ち手には先端まで宝石がいくつもはめ込まれている。この貴重な宝物の留め金として、エメラルドとブリリアントカットの宝石を散りばめた金色の環が、金の鎖に取り付けられている。(10)

イギリスでは、ダブルアームというタイプの傘が製造された。持ち手のすぐ上で軸が枝分かれし

パリのパラソル、1887年

て、顔を縁取るようになっているもので、傘を持つ人の姿を美しく見せるために考えられたのだが、エレガントにくるくる回したり、なまめかしくもてあそんだりするには邪魔だった。もっとはやった新顔は、竹の持ち手のついた日本製の紙のパラソルで、ほぼ十年にわたって、いたるところで人気を博した。サラ・ベルナールも一八八一年にパリで『椿姫』に登場したときに用いている。一八八六年の、特にイギリスでの流行は、非常に手の込んだものに戻った。石突きと持ち手の付近にリボンや蝶結びが復活し、日傘自体は「せいぜいベールを軸の端に上品にふくらませたもの」と言ってもよかった。やがて、持ち手には動物や昆虫が刻まれ、軸は登山杖のように長く、握り玉はビリヤード玉ほどの大きさになった。晴雨兼用《アントゥーカ》の防水パラソル（パラトゥーという名でずっと早くから入っていた）も、やはり広く人気があり、色も持ち手の種類もさまざまなものが売られていた。

十九世紀の終わりごろ、軸が非常に長く、生地にシフォンか極上シルクを使ったものがはやった。女性はパラソルを閉じて持ち歩いたのに対し、男性は男性用「シティアンブレラ」をしっかりと巻いてよごれ一つない絹で覆われたステッキにしたのが、あたかも山高帽子の冠に対応する笏《しゃく》といったおもむきだった。実際に雨よけとして使われるよりも、きれいに畳んで持ち運ばれることの方がはるかに多かったにせよ、こういう形で長い期間人気があった。少なくとも、初期のころのみっともないこうもり傘に大きな改良が加えられ、ついにこうもり傘が身なりのきちんとした男性から認められたことになる。

＊＊＊＊

二十世紀の最初の二十年間、パラソルの様式と人びとの態度には、多くの点で古いものが反映されていた。エドワード七世がこうもり傘をさして三輪車で出かけたとき、またもや見苦しい振る舞いを嘆く声があがった。ここで「大逆罪」の声が向けられたのは、おそらく、国王自身に対してよりも、こうもり傘のエドワード朝イメージに対してで、「イギリス人の帝国を治める王笏がこうもり傘では！」ということだったのだろう。ヴィクトリア時代の中期と同様に、流行は毎年変化し、さまざまなものが現われたが、変わらない点が二つあった。軸の長さが百七センチということと、服装に調和する色でなければならないということである。一九〇〇年の生地はシフォンの縁取りのあるレースで、持ち手は陶器の握り玉だった。その後、シャンティイレース〔絹などの糸で縁取ったボビンレース〕、花模様のシルク、琺瑯《ほうろう》の持ち手に人気が出た。一九〇三年には、ポンパドゥールシルク〔小さな花柄の絹〕、その翌年には再びシフォンが流行し、大きなどっしりとしたフレームの上に張られたが、突然小さなサイズが好まれるようになって姿を消した。

エドワード七世の統治の初期に、フランスの新聞『ル・ゴーロワ』に、ロンドン市民が黄色の縞のある赤い傘を使っているという記載がある。「イギリスの都に住むアフリカ系黒人は故郷を偲ぶよすがとして、このような多色のガンプ（大こうもり傘）を喜んで使っている。」しかし、この流行は一時的で、短命に終わり、一九〇四年には、氏名不詳のイギリス人発明家の製作になる透明なこうもり傘に取って代わられた。その生地の材質は「秘密」とされ、ガラスほど透明ではなかったものの、少なくとも友人を見分ける程度のことはできると言われた。「ガラスの雨傘？　おやまあ、なんていう思いつきを！」とコメントしたのは『ル・ソレイユ』で、いつも狂犬に目を光らせていなければならなかったロシアのプリンスが発明したのではないかと想像をたくましくした。

一九一〇年代には、戦争が勃発したため、流行の変化は中休みとなった。最も顕著だったのは大陸で、戦争が終結するまでパラソルが一時的に消えた。イギリス本国では、前の年の型でも結構ということになって、実際のところ、今何が流行しているのか、ほとんどだれにもわからなかった。

平和が戻ると、ファッションへの興味も復活する。大きなこうもり傘は一八八〇年代のなごりの丸々とした外観で、パラソルは日本の平らな日傘と似たものになった。終戦直後の二、三年は、こうもり傘を持っている男性の女性に対する比率は、それまでになく大きかったようで、ある推定によれば、四対一の割合だった。しかし、商売にとってはあいにくながら、この始まったばかりのブームは長く続かず、こうもり傘はもう一度、霜枯れ時代を経験することになる。自動車の数が増えたせいだと言う人もあり、こうもり傘の需要はますます減り続けるのではないかと心配された。フランスでは、こうもり傘の宣伝の必要性を強く感じた製造業者が、プリンス・オヴ・ウェールズ（英国皇太子）にこうもり傘を使ってくれるようパリの新聞で訴えた。「見せびらかすように、楽しんで、気取って、上品に持ってください。あなたがロンドンでこうして旗をひるがえしてくだされば、人びとが真似をし、やがてパリでもまたこうもり傘が見られるようになるでしょう。」実は、皇太子はすでにこうもり傘を使っていた。「気取って」ではないにしても、少なくとも現実的効用のためだった。「イギリス人にとって、特に好都合だ」と考えたからである。

一方、女性はこうもり傘の一時的な消滅を埋め合わせるように、幻想的で千変万化のパラソルの競演を楽しんでいた。それは日傘の最後を飾る美しい白鳥の歌になった。どの新聞のファッションページも一流のファッションハウスや個人が考案した奇妙な作り物に気前よくスペースを割いたが、残念ながら、当時の説明図はだいたいが白黒で、これらのエキゾチックな創作の真価を再現するには遠い。実のところ、二〇年代のパラソルは、アスコット競馬の帽子とほとんど変わらないカテゴリーと言ってよく、わざと突飛なものにしたり、写真に撮られることをねらったりして、とんでもないおかしなものが作られた。しかし、ポロの試合を観戦するときには、羽根やシルクやリボンの密集にポニーがおびえるといけないので、そのようなけばけばしい物はポニーが競技場へ出てきたらすぐに隠すという伝統が堅く守られていた。

一九二二年には、犬のパラソルが流行した。最初は持ち手が犬の頭の形をしているだけのたわいのないものだったが、園芸ホールで開かれたペキニーズ・フレンチブルドッグ・クラブの展覧会で、犬用の特性ミニチュア傘が出品されるに及んで、「新案物」は頂点を迎え、パラソルの余命はいくばくもなくなった。

陽光がそれほどきつくなく、日傘が主にファッションのために持ち歩かれた国ぐにでは、パラソルの衰退は特に急速だった。長い間、日傘は贅沢で高価なものとして、実用的なこうもり傘の向こうを張ってきた。しかし、いまや太陽崇拝の新しい時代が始まりつつあった。太陽崇拝は、何百年も昔にパラソルの使用をもたらしたのかもしれないが、それと同じように、今度はヨーロッパでの消滅をもたらしていた。今や日焼けが美になくてはならぬもの。それには日傘よりもサンローションが必要だった。それでもなお、いくつかのファッションハウスはパラソルの再導入をこころみる。しかし、一九二八年にドイツでわずかに返り咲いたものの、その人気は短命に終わった。

イギリス人は、パラソルを採用するのが遅かったが、放棄するのも遅かった。年配の女性は公式な場に出るときに携帯するしきたりを続けていたが、一九二九年の『パンチ』の漫画には、二つの世代の態度が要領よく表現されており、熟年女性が相変わらず日本風の日傘を持っているのに対し、若い女性はこんがり日焼けすることだけを求めている。一九三四年の夏の増刊号にも出てくる。それは、しっかり着込んだ「日光浴反対派」がビーチパラソルで日陰を作っているのを、ブロンズ色のビーチ愛好者の群れがにらみ付けている場面を示したものだった。一九三六年になってもまだ、

アスコット競馬場になくてはならないパラソル、1908年

ヘンリー・レガッタにて、1926年

1968年のアスコット競馬場。英国でまだパラソルが使われる数少ない行事

アイヴォリーと黒のジョーゼットや、濃紺と白のパラソルがアスコット競馬のためにデザインされており、一九三九年にジョージ六世夫妻がニューヨークを訪れたとき、アメリカ人は王妃の当時としては時代遅れの日傘を、驚きの目で見た。

それから三十年以上経った今日、パラソルはまだイギリスの景色から完全に消えたわけではない。筆者が住んでいるのは隠退者が多く住むことで有名な小さな海辺の町だが、晴れた日には日傘をさして歩いている人が少なくない。アスコット競馬でも、コスチュームのアクセサリーとして使われているパラソルをまだ時折見かける。また、年配のセンチメンタル世代は、バッキンガム宮殿の園遊会に持っていくかもしれない。イギリスの夏はご存じのとおりの気候で、これがしばしば雨傘として役に立つのである。

長い間なおざりにされてきたこうもり傘は、製造業者さえ仕方がないとあきらめてしまって、パラソルが去った後の空隙を埋めることがほとんどできなかった。何も長くは続かない、という流行の第一法則からしても、女性用こうもり傘の流行は続くはずがない。男性の実用品としてさえ、まだ社会で完全に認められたわけではなかった。エドワード八世は、コーンウォール公爵領に関する会合に向かうためにバッキンガム宮殿から車で二分の距離を移動するときに、ダイムラーを使わずに、お供のサー・ライオネル・ハルシー海軍司令長官と連れ立って、それぞれ自分の傘をさして歩いていた。機会をねらってうろついていたカメラマンがその光景を撮影して発表すると、国民から不満の声が驚くほど湧き上がり、ある著名な下院議員がウォリス・シンプソン夫人にこう意見したという。「なんですか、あのこうもり傘は！　あなたは国王を存じ上げておいでなのだから、これからは写真にどう撮られるか、もっとお気をつけいただくようにお願いしたらどうですか？[11]」しばしばコラムでエドワード八世に批判的な記事を載せた『タイムズ』は、後に、傘に対して秘めたる支持を示して書いている。「こうもり傘の［立派な地位を示す］象徴としての価値は相変わらず高いが、問題はそれが象徴するものがわれわれの評価の中で低落したことだ。[12]」

第二次世界大戦中は、こうもり傘の製造はほとんど完全にストップし、ほぼ十年の間、こうもり傘の普及のためには、ほとんど何もなし得なかった。平和が戻り、工場と生産を再建したメーカーが第一に関心を持ったのは、新しい材料の可能性を調べることだった。ステンレススチール（親骨に用いたら商売にならないとすぐに判断されたが、後にフレームのほかの部分に採用された）、生地用のナイロン、レーヨンである。こうもり傘のファッションショーが開かれたのは、やっと一九五六年になってからのことで、その重要なテーマは、女性は少なくとも三本——買い物用、持ち手の長い散歩用、イブニング用——の傘を持たなければならないということだった。王族がこうもり傘を使っている写真がしばしば撮られるので、製造者は喜んだ。しかし、相変わらず、「何とかして英国王室に少しばかり女性用こうもり傘を手に入れさせることはできないものだろうか?」と案じ続けていた。ファッションショーは成功し、その翌年に購入されたこうもり傘の三分の二は、ファッション・アクセサリーとして持つためだった。

こうもり傘は確かに「ファッション・アクセサリー」に分類されるかもしれないが、こうもり傘自体が流行の傾向というものを持っているのかどうかには、議論の余地がある。製造業者は新しいスタイルを供給し、古いスタイルを再導入することもしばしばあるだろうが、これらは実際に使用されているさまざまなデザインの集合の中にすぐに吸収されるので、傘の所持者たちをどこで区切って見ても、今の流行が何なのか判断することはできない。色彩に富んだ生地はきわめてモダンと判断されるかもしれないし、パゴダ形は六〇年代中ごろのはやりと考えられる。しかし、せいぜいそこまで。今日のこうもり傘でほんとうに時代遅れと言えるものは、積極的に古くした場合以外にはない。

たしかに、男性用傘にはモードがない。個性がほとんどなく、耐久性はご存じのとおりなので、男子は生涯で傘を一本か二本しか買わずにすむ場合がほとんどである。そしてまた、男性はほどよくスマートで効率的なデザインでさえあれば満足する。女性はもっと目が肥えているかもしれないが、それでも、新しい帽子ほどには傘を見せびらかしはしないし、そうしょっちゅう買いもしない。しかしながら、パレードが行なわれる大陸では、こうもり傘はむしろ流行の部分が多く、その題材を専門に扱った雑誌まである。フレームにシガレット・ライターや点火装置を内蔵したものなど、現代的な仕掛けのほとんどは海峡の対岸でも考案されたが、ただ一つ定着したのは入れ子式傘の現代版で、それはイギリスでも人気が出た。

こうもり傘がそれ自体で流行になるためには、まずデザインが現在のような決まりきった型から抜け出さなければならないが、大量生産の今の世に個性的なものを作ることはなかなか実行できないので、それはたやすいことではない。一九五五年に宣伝された持ち手が取り外しできるタイプの傘は一世紀以上も前に始まったもので、それも一つの答ではある。しかし、最も注目されるのは生地で、ここにこそ、もっと大胆なデザインや人目を引く色彩への展望がある。長い年月の中でも最上のこうもり傘は、生地がユニオンジャックのもので、一九六七年から八年にかけて「バック・ブ

ユニオンジャックをデザインした傘

現代ファッションのこうもり傘。1968年レインウェア・コレクションから。このように、こうもり傘が流行に復帰した

リテン」キャンペーンの支援のために作られた。これは美意識の高い人には気に入られなかったかもしれないが、「ポップアート」は、たとえこうもり傘でも、雨の日を明るくするのに役立つものである。現代には、カラフルなこうもり傘を見せびらかすハンウェーとマクドナルドが少な過ぎる。

第八章　こうもり傘の伝承

こうもり傘が西欧社会で広く採り入れられてからというもの、傘にまつわる豊かな伝統が育ってきた。その中でおそらく最も有名なものは、イギリスの衛兵が非番のときに必ず山高帽ときれいに畳んだこうもり傘を持つということだろう。大陸と、そして言うまでもなくアメリカの多くの人びとは、立派な身なりのイギリス人とはみなそういういでたちをしているものだと思い込んでいる。

今日のこうもり傘は優雅で、最初にナポレオン戦争の終結期に軍隊で使われたがさつなものとは似ても似つかない。当時のイギリスの将校たちは、戦闘中ですら、こうもり傘を抱えていたことがあって、ある小競り合いの後に、「地面にはサーベルと背嚢とこうもり傘が散乱していた」。しかし、戦闘での傘の使用は公認されてはいなかった。一八一三年十二月十日の有名な事件がある。ティンリング大佐が率いる近衛歩兵第一連隊がバヨンヌの外側の要塞を占領したとき、数名の将校がこうもり傘をさしていた。ウェリントン卿はアーサー・ヒルを使いに出し、戦闘中の傘の使用は承服できないのみならず、紳士たるものが敵の目にこっけいに映るのを許すわけにいかない、と伝えさせた。ウェリントンはその翌日、大佐の統率のゆるみを叱責し、近衛師団というものは、セントジェイムズで任務につくときにはこうもり傘を持って行ってもよかろうが、戦場ではこっけいなばかりでなく、軍の基準に合わないと戒めた。おそらく、ウェリントンのこの非難は、麾下の将軍サー・トマス・ピクトンが、半年前のヴィットーリアの戦いにシルクハット、フロックコートにこうもり傘といういでたちで馬を乗りつけたことに対する遅まきながらの非難でもあったのだろう。そしてアイアンデュークと呼ばれるウェリントン卿自身は、油脂加工した綿のこうもり傘を使っていて、それには細い仕込み杖が隠されていた。

その翌年、同盟軍がパリに到着したとき、フランスの風刺漫画家は、すぐに侵入者たちの癖をタネにとりあげた。『この上なき上品さ《ル・シュプレーム・ボントン》』というシリーズの二十五番は、緋色の軍服に非戦闘員のシルクハットを被ったイギリス人将校が、明るい緑色のパラソルで太陽に立ち向かっている姿を描いている。（七年前、スペインの軍隊がハンブルクに入ったときにも、こうもり傘を持っていたので同じようなセンセーションを巻き起こした。）

ワーテルローの遠征のときに、英国砲兵隊第九旅団長のマーサー将軍は、傘をさしたまま砲撃戦を目撃したある医師のこっけいな行動を面白がった。医師は自分が立っている付近に砲弾が落下し始めると、隠れ場所を探すことにした。

しかし、二歩も進まないうちに、砲弾が、すぐ近くを通った（と思った）ので、地面に四つ這いになった——いや、三つ這いと言うべきかもしれない、片手はしぶとくシルクの遮蔽物をしっかりと掲げていたのだ。そして、次の一発が来るのではないかと、こわごわ後ろを振り返りながら、慌てて逃げ出した。それがまるで大きなヒヒのようだったので、まわりにいたわれわれ一同は、あたりに鳴り響くほど大笑いした。(1)

反対側では、やはりルジュヌ司令官が、同じように制服姿のイギリスの士官たちがパラソルをさして馬を乗り回している光景を見て面白がっていた。「彼らがパラソルとこうもり傘をフランス軍と違うやり方で用いることは、彼らが非常に勇敢な兵士であることを妨げはしない。」スール元帥は「雨傘を持った柔弱者たち」が示した決断を同じように賞賛している。

雨が降っていて、イギリスの士官たちは馬に乗っていた。各自が手にこうもり傘を持っていて、それが私にはひどくこっけいに思われた。すると突然、イギリス人は傘を閉じてサドルに掛け、サーベルを抜いて、こちらの足元を攻撃してきた。(2)

しかし、平和時のフランスにいたイギリス人は、片手にマスケット銃、もう片方の手にこうもり傘を持って演習に行く国民軍を見て、同じぐらい面白がっている。また、ナポレオン戦争の第十五軽騎兵隊のある士官は、一八一三年の閲兵式で雨が降ったとき、アルテン将軍に自分の剣仕込みこうもり傘をお貸ししましょうと申し出た――しかし、当日は風が強すぎて、結局さすことができなかった。

続く何十年の間、陸軍士官の中には、非番のときや特別に必要な機会にこうもり傘を相変わらず使っている人がいたことはまちがいない。もっとも、若い士官は、すぐそばの先輩士官がさしていないのに、大きなこうもり傘をのうのうとさすような失礼なまねはしなかった。その後、制服でこうもり傘を使う習慣はどうやら消滅したようで、そのことは、一八三三年にジョージ・クルクシャンクが軽い調子で描いている。(3) さらに十二年後、『パンチ』は、こうもり傘を兵士の銃に取り付けたらどうかと提案し、新しい行進曲まで作曲した。

第二十二連隊のある隊長が、この意見に同調しなかったことは確かである。彼は一八八〇年に自分の部下がこうもり傘を持っているのを見て、その不愉快な品物をその男の頭上でへし折ったと言われている。その男は、それが将軍の所有物であることを説明する猶予もなかった。そのころには、高位の士官はこうもり傘を使用してもよいことになっていた。ラグラン卿はクリミアへ遠征したときに、大きなこうもり傘を持って行ったし、陸軍元帥のロバーツ卿は、カンダハール従軍中、熱病発作からの回復期に、白いパラソルの必要性を痛感している。ハルトゥームのゴードン将軍も、傘

「兵隊と天候」1845年。『パンチ』の提案。しかし、すでに
十分深刻に考えられていたもの〔以下、記事内容〕

われわれの勇敢な兵士たちが、いつでも砲火に敢然と立ち向かえることは疑いようもないが、水にはお手上げだということも明らかである。閲兵式のある日に、にわか雨が降りそうであれば、歩兵たちはきっと心配するだろう。風雨にさらされた兵士たちという考えは、どうやら兵士たちが風雨にさらされやすいという事実からきているようだ。

閲兵式が延期されれば、市民はひどくがっかりするから、女性の御者用むちにパラソルが添えられたように、銃にもこうもり傘を添えるように推奨するべきだろう。ともかくどこかの連隊で、実験して見ればよい。彼らは「ファースト・パラプリュイ（第一雨傘隊）」と呼ばれるだろう。訓練は非常に簡単だ。「傘をさせ」が「銃剣装着」にあたる。

われわれはこの案をまじめに陸軍省に提出した。同じものを騎馬隊に適用する場合の助言をほしいと言われるなら、「重ギンガム（Heavy Ginghams）」という名の師団などどうだろう。

軍隊の携帯品にこうもり傘を追加するというわれわれの計画が遂行されるなら、わが国の軍歌も少し変更が必要になる。しかし、それがどんなにわけないか、わくわくするような見本をお見せしよう。

いざや進まん戦場へ
恐ろしいベッラもなんのその
降伏するは卑怯者
傘を雄々しく打ち振ろう

敵が何を飛ばそうと
敵が走れば我らははらう
勝つかあるいは死あるのみ
広げよ、広げよ、大傘を

臆病虫はすたこらと
向きを変えて消えうせる
まことの勇気ある者のみ
雨傘さっと振りかざす

さらば、猛者の恐れを抱き
ほまれの道を突き進もう
雨傘あればどこまでも
百年、千年、勇敢に
いくさと雨に立ち向かおう

を愛好した優れた軍人だったし、総司令官のケンブリッジ公爵が、ひどい雨降りの閲兵式で参謀将校のこうもり傘に守られたとき、兵士たちは後でこんな歌を歌った。

ぼくらは戦いなどやりたくない
でも戦うのなら
ケンブリッジ公と一緒、
それからこうもり傘も一緒だ！

こうもり傘に執着したのは、イギリスの兵士ばかりではなかった。南アフリカの戦場ではブール人が使っていたし、一八九〇年のアメリカではミシガン州スーセントマリーの騎兵が、多分装具一式の一部と思われる揃いの大きなクリーム色のパラソルを携帯していた。情緒不安定なバイエルンのルートヴィヒ二世（一八六四～八六）は、大きなこうもり傘がことのほかご自慢で、ポッセンホーフェンにエリーザベト王妃を訪ねたとき、司令官の制服を着て、片手にはヘルメットを、片手にはその大事な傘を持っていた。王妃と随員が笑いを抑えられずにいると、王は巻き毛のヘアスタイルを台無しにするようなことがどうしてできるかと不機嫌に尋ねた。アジア大陸では、中国人が一八九四年に平壌《ピョンヤン》で日本人に敗れたのは、火薬を濡らさないために与えられていたこうもり傘がじゃまになったからだと言われている。

パラソルでさえ、イギリス軍の士官は、アジアやアフリカ（特にアデン〔イギリスの直轄植民地で軍事基地があった〕）での服務時間中に一時、使用を許されていた。日射病を防ぐのにまちがいなく役だったからである。日光に対してばかりではなく、緊急時の助けにもなった。そして、多くの士官がウェリントン卿の例にならって剣仕込みパラソルを携帯した。ふつうの大傘《ガンプ》でさえ窮地での最後の手段として使えることは、一八九五〜六年のアシャンティ遠征で新聞記者が発見したとおりである。

第一次世界大戦中に、第六インド師団の士官がクートで捕らえられたとき、彼らはバグダッドでドイツ製のこうもり傘の在庫を全部買い上げ、小アジアへの行進中に日よけとして用いた。同じころ、ヨーロッパでも、フランス軍の狙撃兵が射撃練習場で目を守るために大きなパラソルを用いていた。また、イギリス人の士官の中には、軍事行動中にこうもり傘を携帯していた人がいた。悪天候のときに地図を見たり、通信文を書いたりするのに役立ったからである。A・P・Le・M・シンキンスは、前線の塹壕で雨が降り止みそうになかったので、アルマンティエールから二フラン七十五サンチームでガンプを取り寄せた。ほかの士官たちもその例にならったので、「前線はさながら雨の日のアスコット競馬場かとみまがう様相を呈し始めた」。それらの傘のほとんどは、塹壕の中で長い間待機しているときに用いられたが、第九槍騎兵連隊のレイモンド・グリーン大尉はメシーヌの第一回の交戦にも携行した(4)。

第二次世界大戦中には、こうもり傘の逸話としてたどれるものはない。しかし、それに先立つ一

保守党政治家ネヴィル・チェンバレン（1869〜1940）がミュンヘンへ持って行った悪名高いこうもり傘

九三八年に、二十世紀で最も悪名高いこうもり傘が世界の知るところとなった。ネヴィル・チェンバレンがミュンヘン条約の協議のためにドイツに向かったときに携えたものである。その旅程でこうもり傘が必要になるとは思えなかったが、チェンバレンの年代の紳士にとっては不可欠のもので、飛行機に搭乗するときにも握り締めていた。それは、自信、安全、イギリス式生活様式を発散させているようにも見えた。数十年経ってからも、大陸ではこうもり傘のことをいまだに「チェンバレン」と呼ぶことがあるが、イギリスでは、一九三九年の重大な日々を覚えている人にとって、その言葉は苦々しい幻滅と同じ意味を持っている。

＊＊＊＊

十九世紀は全体として、そして特に前半は、情熱的なこうもり傘とパラソルの時代だった。女性は日傘を新しい武器と見て、自分の気持ちを強調したり、うっとりするような魅惑的なそぶりを際立たせたりするのに用いた。女性は決然とパラソルを開いて肩にかけ、いやな話題や厚かましいエスコートから退散したいという意味を表わしたり、パラソルの陰から恥ずかしそうに花婿候補をうかがって、気づかれたらさっと隠れたりもした。恋愛の手伝いとして、愛情こまやかな場面で登場したことも少なくない。一八四〇年頃、J・C・デイヴィッドソンは、『こうもり傘の求婚』という小さな歌集を編纂した。二千年前にパラソルが恋愛ゲームで便利なアクセサリーになることを最初に発見したのは、確かにギリシアの婦人たちだったが、十九世紀初期にそのアイディアを復活させたのは、当然想像されることながらフランス人だった。それをカザルは次のように雄弁に語っている。

日傘は、ばら色の蒸気のように顔の輪郭を薄め、やわらげる。消え去ったほのかな赤みをよみがえらせ、透過した光で容貌を包み込む……パラソルをさす女心の万華鏡さながらに変幻きわまりない諸相を書き記すには、何巻の書が必要になることか。

ばら色の、あるいは淡青色のドームの下で、感傷が芽生え、情熱がふくらみ、花開く。遠きにあっては、とりどりのその色に人を引き寄せ、近きにあっては、好奇の目に真実を教え、憶測をくじき、はねのける。その花冠の蔭で、いくつの甘美な微笑が揺れたことだろう。いくつの魅惑的なうなずきが、心をとりこむ魔法のまなざしが、日傘によってジェラシーと不謹慎から守られたことだろう。どれだけ多くの感動が、夢が、シルクの雲に秘められていたことだろう(5)。

ブルターニュのある地方では、若い男性がこうもり傘をお持ちしましょうと言って、若い女性を定期市へ誘う習慣があった。一緒に外出して女性を家へ送り届けたときに、両親から夕食に招待されれば交際が認められたことになり、その後も楽しい交際を続けることができた。青年が乙女のこうもり傘を持って道を歩くなら、二人が婚約しているという確かなサインになった。ドイツではかつて、結婚式の招待状を配る人はみな、赤いこうもり傘を持つのがふつうだった。ハンガリーには、「アンブレラダンス」があり、女性の方が男性の体を支え、男性は傘をさしかけるだけで満足しなければならなかった。しかし、ブリュッセルのパラプリュイトリという一種のコティヨンダンス〔相手を幾度も変えるステップの複雑なダンス〕では、傘を持っているのは女性で、二人の男性のうち一人を選ぶのも女性だった。女性は一緒に踊りたくない男性に傘を渡す。渡された男性は、ライヴァルと女性が踊っている間、傘をさしかけなければならなかった。

当然のことながら、こうもり傘は昔から、にわか雨のときに若い女性に話しかけて守ってやるのに都合のよい口実になった。一八二五年にはすでに、『昔のベルリン格言集』に、雨の中でか弱い少女に声をかける好色そうな人物の素描が載っている。また、一八八〇年代には、フランスの著述家ユザンヌが、雨傘で武装した「紳士」が、雨の夜に（いろいろな意味で無防備な）若い女性を餌食にしていたようなことをほのめかして、「多くの物語や小説が、雨の夜のパリの街角での出会いから始まる」と書いている(6)。それは世界中どこの都市でも似たり寄ったりだった。

＊＊＊＊

こうもり傘には、周知のとおり、忘れ物、紛失、盗難、借用がつきものである。そして、いったんはぐれたら、新しい物を買えるぐらい宣伝費をかけて呼びかけても、めったに持ち主のところへ戻らない。

一七三四年には早くも、ある女性が『フランクフルター・インテリゲンツブラット』に、金色のレースで縁取りした緑色タフタのパラソルを紛失したと公表している。一七七四年には、あるアメリカ人が『ニューヨーク・ジャーナル』に「深紅のこうもり傘（かなり色あせているが、それほど使い古してはいない）を、四週間前にだれかの家に置き忘れた」ので、返送してもらいたいと訴えている。以来、似たような訴えは世界中のほとんどの新聞に数え切れないほど見られる。しかし、一八六八年の『タイムズ』に、読者から編集者への手紙として、こうもり傘泥棒が犯罪社会の職業になったことを表わす記事が初めて登場した。

料理人、家政婦、雑役使用人などの募集広告を見て直接出向いた振りをして、こうもり傘を盗むのが常套手段になっています。ショールや衣服の下にこうもり傘を隠して立ち去るのです。

すきを見て盗むのは、話をする前のときも、後のときもあります。私は今週、こうもり傘を二本、それぞれ別の女性に盗まれました。年齢は四十五歳ぐらい。一本は、妻が話をする前でした。二年ほど前、別の家に住んでいたときにも、全く同じことが起きました。(7)

同じころ、ある紳士が泥棒を捕まえたという報告を寄せている。その泥棒は、盗んだこうもり傘を八〜九本蓄えていたという。また、ある牧師は、盗んだ傘の質札を九枚持っている若者を捕まえた。請け出すつもりが全くないはずの品物の質札をなぜ大事に持っていたのか、その理由は記録されていないが、若者は二カ月の禁固刑に処せられた。

紛失したこうもり傘については、『パンチ』の有名なユーモア作家、ダグラス・ジェロルドが書いている。「愚か者だけが人に貸すというものが三つある。また、貸したものが返してもらえると思ったら、これほど愚かなことはない。それは、本、傘、金だ。」ラルフ・ウォルド・エマソンは、言葉の記憶があやしくなり始めたころ、こんなことを言った。「名前を思い出せないが、どういう物かは言える。他人が持っていく物だ。」そして、一八七二年の『タイムズ』は、悲しげに推測している。

……多分、ヨーロッパに入ってきたのが遅かったため、こうもり傘に明確な所有者がいることを人びとはまだ認識していないのだろう。……クラブを出るときにたまたま雨が降り出したら、「持主不明の」こうもり傘を持ち去ったり、家を出るときに古いこうもり傘を持っていたことはわかっていながら、新しい傘を持って家へ帰ったりしても、罪の意識を感じる人はだれもいない。……こうもり傘を返すほど奇特な人も、いないことはないだろうが、実例にはめったにお目にかからない(8)。

次の愉快な詩の作者は、まずはサミュエル・バトラー、次にサー・ジョージ・ボーエン、最後はロンドンの主教と思われた。

毎日毎日雨が降る。
善人悪人変わりなく。
でも、おもに降るのは善人の上、
悪人は善人の傘をさすからね。

もう一つ、負けず劣らず面白いのは、ダラムの聖堂参事会員のドクター・ハーバート・キナストンの詩。彼のこうもり傘を聖堂参事会長ドクター・レークが、まちがえて図書館から持って行ってしまったのだ。

図書館の玄関で、身なりめかした牧師どの、
自分の傘を置いていき、私の傘を持ってった。
王室弁護士ともあろう方、おんぼろアルパカほっぽって、
シルクを手に取り言うことにゃ、「失礼、ちょっとまちがえました」
「なにがちょっとだ！　どんとだろ！」

しかし、歴史をひもとくと、少なくとも一人、こうもり傘を失くすのは容易でないと思った人物がいる。それは、サミュエル・バトラーの友人、エリザ・サヴェッジ。

> 私のこうもり傘は、いつもしつこく戻ってきてしまうのです。どうしても失くすことができません。ぐらぐらして、させなくなった傘は、真夜中にクラブの庭に放り投げたり、川に投げ込んだりしなければなりません。私の傘で、きょうまでまだビスケー湾に浮いているのが一本あります。一八六七年にヴィレーヌ川に流した物で、おととし見たきりだったので、もうどこかへ行ってくれたと思っていたのですが。[9]

こうもり傘にまつわる迷信がいろいろ生まれたのも当然と言うべきで、一八八〇年頃、サリーとハンプシャーでは、出発前に家の中でこうもり傘を開くと縁起が悪いとされ、以後イギリス中にそ

の迷信が広まった。もっと薄気味悪いのは、かつてネブラスカの多くの地域で見られた伝承で、屋内でこうもり傘を開くと、確実に死が近づくと言われた。また、新しい傘を初めて開いたときに人の頭の上にかざすと不運を招くという言い伝えも、広く信じられた。ヨークシャーのノースライディングでは、ベッドの上にこうもり傘を置くと災難がくるという迷信が広まっていたことがあり、サフォークとヨークシャーの人びとは、テーブルの上に置くことも同じように神を恐れぬしわざだと考えた。

時々見られたもっと愉快な習慣は、だれかの健康を祝して乾杯をするときに「だれそれにアンブレラ」と言って空になったグラスをひっくり返すことだった（グラスがなんとなく傘に似ていることから始まった習慣と思われる）。しかし、最も一般的な迷信と言えば、「傘を持っていないときに限って雨が降る」だろう。ロバート・ルイス・スティーヴンソンは、それを次のように説明している。

こうもり傘の最も狡猾な特性は、何といっても、大気の層に影響を及ぼすエネルギーの強さだろう。こうもり傘の携行は大気の乾燥をもたらすということほど、確かな法則はないと思う——気象学者の意見が一致する唯一の法則かもしれない。傘を家に置いて出ると、湿った蒸気が大量に発生し、すぐに蓄積されて雨になる。(10)

ジョージ・クルクシャンクが聖スウィズンの日につけたコメント。「聖スウィズンは傘作りの守護聖人」

不思議なことに、こうもり傘と聖スウィズンの祝日〔七月十五日。この日の天気がその後四十日間続くと言われている〕との密接なかかわりが指摘されたことはないのだが、挿絵画家のジョージ・クルクシャンクは、明らかなつながりがあるととらえた少数者の一人で、その聖人をしのぶ漫画に示している。しかし、フランス人が最近になって、聖メダールの日を傘作りの国民的祝日にしようと主張しているぐらいだから、そういった伝統を今からうち出しても遅くないかもしれない。聖メダールは、イギリスの聖スウィズンに相当し、五世紀にワシの翼で大雨からか守られたという。フランスの業者は現在、その祭日を自分たちの商売の団結と繁盛を示すために使っている。当日は、教会典礼、マネキンパレード、豪華な食事会などが催される。

それほどたいしたものではなく、幸いにも現在は消滅した伝統がある。それは、こうもり傘は紳士気取りの象徴で、ガンプを携えるのは他人よりも一段上であることの表明だというもの。たしかに、一八七〇年代にはそのとおりだったかもしれない。当時、こうもり傘は社会的地位の指標になっており、男性はどんなタイプの傘を持っているかで人間が判断された。華奢なフレーム、精選シルク、軸は磨いた籐製で、名前と住所を彫った銀細工付きは、「紳士以外の使用お断り」だった。

等級付けは無限だった。上記の絢爛豪華なものから、「貧しい身なりで震える人間を守る苦肉の策として、数本の曲がったワイヤから薄汚いぼろ切れが垂れ下がっているもの」まで、さまざまだった。そのため、ヴィクトリア時代の人びとは、こうもり傘に非常に気を配った。きちんと細く畳めるシルクの傘が流行しているときには、「木綿の傘をさしている人が、それを友だちから借りてきたところとは、なんたるふしぎ」ということになった。サビーヌ・ベアリング＝グールドは、一八七〇年代にインスブルックを訪れたとき、こうもり傘を一本買った。

目の覚めるような赤い傘で、周りに白や黄や青や緑で花と葉のリースがプリントされていた。石突きの周りにも、同じような色と特徴の小振りのリースがプリントされていた。この生地が学校などでよく見る懲罰用むちのような骨に張ってある。骨はねじれた真鍮のストレーナーで広げられる。ストレーナーは丹念にたたいた真鍮のしっかりしたチューブから立ち上がっていて、チューブの中に傘の軸が通っている。傘を広げると、全体は百五十センチ近くもあったが、それほど重くなく、馬車用傘の重さとは比較にならないほど軽かった……。

私は帰路、ハイデルベルクに到着し、日曜日の午後、それをのほほんと小脇に抱えて、城の庭を歩いていた。するとその傘は注目を浴び、驚きを引き起こした。傘には社会的レベルというものがある。そのような傘が似合うのは市場であって、城の庭ではなかった。ザウアークラウトを売っている老女がさすのは許されるだろうが、まともな服装をした紳士が畳んで持ち歩くものではなかった。私の傘があまりに物議をかもしたので、せっかくの散歩の楽しみが台無しだった。(11)

社会階層のルールが適用されない唯一の例外は、医師や教区牧師が職業上の必要から携帯を認められた大きなこうもり傘だった。この人たちの実用重視のこうもりは、賞賛とまではいかないまでも、尊敬を集めた。一八七二年に、ある商人が聖職者用こうもり傘を発売した。「堅牢、持ち手は象牙、実用的なアルパカ。礼儀正しく勤勉な聖職者であることが一目瞭然。」そのアイディアは、どうやら、カンタベリーのジョン・サムナー大主教からヒントを得たらしい。「国会の開会のために、木綿の傘を持って、ウェストミンスターの橋を歩いて渡ることで有名。一目見ただけで、この人の気概と信念がわかる。」

十九世紀の終わりに向かうと、社会的レベルを表わす各種こうもり傘の数は減った。今日では、ごく少ない例外として、特権的所有者の富を示す瀟洒なものもなくはないが、だいたい標準的な傘しか残っていない。それにもかかわらず、こうもり傘の携行が単なる見栄から発していると、いらだちを覚える人びとがまだ存在する。一九五七年に『タイムズ』の読者を当惑させた現象がある。「バスの運転手は、傘を持ち上げて止まってくれと合図すると、なぜ頑強に無視するのだろう」という疑問に対し、読者からさまざまな意見が寄せられた。「自分はひとに仕える卑しい身分、向こうは上流特権階級、こういう非民主的な上下関係を乗りこえようとする気持ちが社会に広がっているせいではないか」、「傘を高く揚げるのは上流特権階級のしるしだからではないか」などの推測が寄せられたが、バスの運転手が傘の合図を無視するという現象の裏には、ひょっとすると上記のような、見栄に対するいらだちがあったのかもしれない[12]。

いや、おそらく、バスの車掌は、乗客が車内に置き忘れる大きなこうもり傘を集めるのに、ほとほとまいっていたというのが単純な答ではないかと思う。ロンドンのバスと電車で、一年に七万本以上の傘の忘れ物があったという。そして、一八八〇年代の吹きさらしの都市バスを運転していた先輩たちに大きな赤い傘が支給されていたことを、運転手たちはもちろん知らないか、あるいはとうに忘れてしまっていたのだろう。

第九章　文学と美術に見られる傘

何世紀にもわたって、傘は数え切れないほど多くの作家をひきつけてきた。本書ではすでに、たくさんの作品をフィクションからもノンフィクションからも引用している。傘に関する全集を書いた人はほとんどいないが、多くの作家が記事や本のなかで関連情報を提供している。外国の文学にも、ことのついでに触れたものや長々と意見を述べたものがたくさんある。印刷術の発明よりもはるか昔にさかのぼるものも少なくない。しかし、イギリスでは十六世紀から言及が見られ、それ以来、たくさんとまでは言えないにせよ、そこそこ現われている。イギリス文学で最も有名な架空のこうもり傘は、ダニエル・デフォーの作品の主人公ロビンソン・クルーソーが作ったものである。彼は「雨をはじくために、毛を外側にした大きな帽子を」完成したばかりだったが、その後、私は傘を作ろうとずいぶん苦心した。傘はどうしても欲しかったので、なんとしても作ろうと思った。前にブラジルで傘を作るのを見たことがある。ブラジルのように日差しのきついところでは、非常に役に立った。ここも、暑さにかけては少しも劣らない……傘があれば雨も防げるし、日差しも防げて、ほんとうに役に立つ。作るのには、さんざん苦労した。かなり長い時間をかけて、どうやらそれらしきものを作った。いや、やり方の見当がついたあとも、気に入るのができるまでには二、三本台無しにした。しかし、ようやく、まあよしと言える物ができたわけだ。いちばん苦労したのは、たたむことだった。広げることができても、たたむことができなければ、頭の上に広げたままでしか持てないわけで、それでは具合が悪い。しかし、ついに、今言ったように、役に立つものができた。そして毛が外側になるように皮を張って、ひさしのように雨を流すようにした。おまけにどんなに暑い日でもうまく日光を遮ってくれるから、今までのいちばん涼しい日よりも快適に出歩くことができる。必要がないときにはたたんで、脇に抱えればいい。(1)

デフォーの著作が発表されてから約二百年の間、「ロビンソン」は、フランスでこうもり傘の俗名として有名になり、クルーソーを描く挿絵画家で、あえて傘を省略する人はほとんどいないほどだった。また、仮装舞踏会でも、革の日傘を持たなければ、この漂流者に見てもらえなかった。ロバート・ルイス・スティーヴンソンは、その魅力の秘密を次のようにまとめている。クルーソーの

「葉っぱの傘は、知性のある文明人が今までに経験したことがない環境に置かれたときに、なんとかして自己表現しようとするよい見本なのだ[2]」。

一八〇〇年以前に、全く傘を中心に書かれた本は、パウルス・パキアウドゥスの『傘をさすことについて』で、ラテン語で書かれた学究的で調査の行き届いた論文だった。イギリスで傘を主題にした最初の本は、アテーナイのスキラポリア祭で傘が占める重要性に関する作者不明の論文で、結局はとりとめのない、非啓発的な記述に終わっている[3]。それと同じ年——一八〇一年——に、J・S・ダンカンが『ステッキと傘を持ち歩く人への覚え書』を出版した。それは、タイトルに示されるとおり、一種の取扱説明書で、多くの人びとが傘の扱い方をほとんど知らなかったのではないかという、当時の風刺漫画から受けとれる印象を裏づけるものである。ダンカンのその書物は、第三版が発行されるほど需要があったが、現在では非常に少なく、入手はことのほかむずかしい。そこから、面白い個所を少し長く引用するだけの価値はあるだろう。

> どこの町であれ、混雑した通りを歩いたことのある人はみな、人類の過半数がステッキと傘の両方をぎこちなく持っているため、少なからぬ妨害と迷惑に出会ったに相違ない……ある紳士は、わざと無作法に振舞っているわけでも、悪意からでもないのだが、軽々しくステッキを泥の中に突っ込んでは、その汚れた石突きを、横を通り過ぎる御婦人のドレスで拭っている。次なる御仁は、やたらステッキを空中に振り回し、これまた近くの人をぶったたいたり、前後

を歩く人びとの背中や顔に泥を撒き散らすことになる。三番目は、ステッキや傘を小脇に抱えている。それで前へ進むと、うしろの石突きが背後からもっと元気な足どりで近づく人の目を突き刺してしまう。傘が下向きに傾いていれば、胸を刺したり服を汚したり。そんなふうにステッキを抱えている人が路上でくるりと向きを変えようものなら、回転式改札口が出現したかのごとく、ステッキは舗道いっぱいにひろがって、近視の人は首や顔をぶつけるし、全員遠回りのやむなきにいたるか、文句たらたらの仕儀と相成る[4]。

ダンカンはこうもり傘を携行する人を、「盾持ち、天突き、泥すくい、裏返しまたは苦行者」に分類し、挿画付きで「歩行者にとって最も扱いやすく、まわりの迷惑に最もなりにくいと思われるこうもり傘の」扱い方を詳細に述べた。

広げた傘について、一言。盾持ちは、自分の前にこう

こうもり傘の持ち方、1881年。「裏返し、天突き、泥すくい」

もり傘を押しやり、自分の頭と身体をすっかり覆う。前に人がいても見えず、舗道全体を占領する。前にいる人に誰彼となく衝突するか、側溝に追いやるかのいずれかである。しかし、ユニコーン「手にしたステッキを強力な角がわりに前方へ突き出し、断固たる突撃により人混みの中をしゃにむに通り抜ける人」に遭遇すれば、そのステッキによりこうもり傘のシルクやニス塗りの生地は引き裂かれ貫かれるだろう。かくて、どっちもどっちの愚行や悪徳が、正義の推進と社会の利益を目指して、互いに相手を苦しめ悩ませることになる。『モーニングポスト』と『モーニングクロニクル』の読者諸氏は、レディ・ジェイジーの高く結ったまげが、シェルドレイク博士のこうもり傘で崩れてしまったことを、もちろんご存じだろう。レディは大臣と、博士は野党の有力者とつながりがあったため、その事件は政党全部を大波乱に巻き込んだが、このようなデリケートな問題に関して私見を述べることは控えたい。ウェストミンスターホールをさらに騒がす恐れがあるからにはなおさらである。こうもり傘を広げた歩行者がすれ違うときには、互いに軸を反対側へ四十五度傾けるとよい。そうすれば、どちらも不便を感じずにすむ。……二対一のときには、中央の人は傘を持ち上げ、外側のふたりは傾ける。多いのは天突きか、泥すくいである。傘を天に向かって突き上げ、背の低い人が骨の先で背の高い人の目を危険にさらすか、あるいは、地面に叩き付けて通行を妨げる。後者は、厄介のきわみで、無作法きわまりない女中や幼い子どもに多い。これは傘の端を泥に突っ込むので、泥すくいと呼ばれる。

裏返しとは、傘の内側を風に向けて、傘をおちょこにする不注意な人のことである。多くの場合、それを直そうともたついて、先を急ぐ多くの市民の進行を妨げる。(5)

ダンカンは、問題の解決法についても迷いがない。

……上述のような混乱を避けるには、良識と人びとの迷惑に対する思いやりがほんの少々あればよい。すなわち、ステッキや閉じた傘は、つねに垂直に立て、できるだけ身体の前に密着させて持つべきである。(6)

傘に関する有益な連載記事の第一回が、一八三五年の『ペニー・マガジン』に匿名で寄稿された。どうやらその投稿者は、トルコのスルタンの宮殿の前を通ったときに、敬意を表して傘を下へ向けなかったために衛兵におどされたことから、その記事を書こうと思い立ったらしい。後の記事には、先の記事と重複する情報もあるが、投稿者たちが自分で集めた新しい事実も添えられている。(7)

初期の作者の中で最も印象的なのは、ルネ＝マリー・カザル（おそらくはチャールズ・マーシャルがゴーストライター）による賞賛の作品だろう。カザルはフランスの有名な製造業者で、ルイ・フィリップの王妃とナポレオン三世皇后ウジェニーの傘を作っている――なんという変わり身の早さか。同書は後続の書物のスタイルを打ち立てた。その華麗な文体と、傘という非常に散文的な主題との対照が妙である。例として、傘の親骨に必要な鯨骨を調達してくれる「勇敢な水夫」への賛美の言葉をあげることができる。(8)

一八四五年に、G・H・ロッドウェルのイラスト入り小説『傘の思い出』が出版されたが、すぐに忘れられた。こうもり傘が、ロンドンのセントマーティン小路の店で売られてから、最後に閉じられる日までの体験を語ったもので、ストーリーはまずまず面白いが、本書の研究にはほとんど役に立たない。ただし、タイトルページは興味深い。

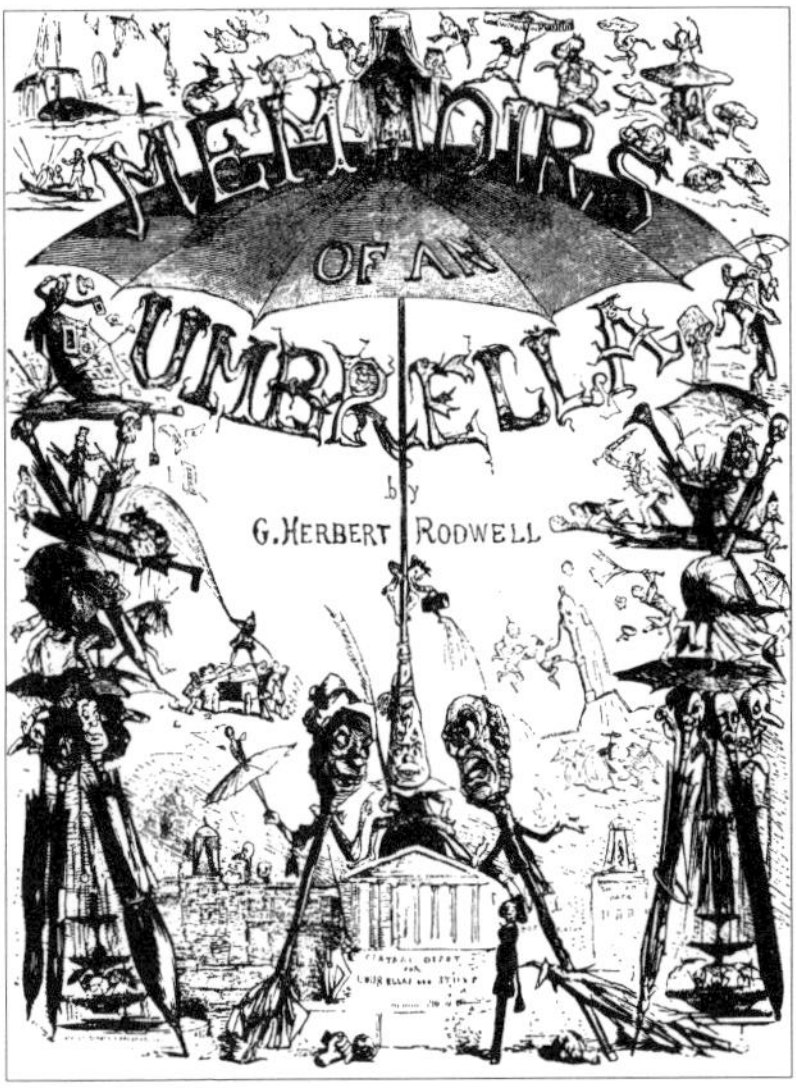

『傘の思い出』のタイトルページ。ヴィクトリア時代の人びとのこうもり傘への興味がうかがわれる

チャールズ・ディケンズは、ヴィクトリア時代の「傘学」への興味を呼び起こすのに特別の役割を果たし、自作の小説に「宝物の傘」という概念を持ち込んだ。また『マーティン・チャズルウィット』にガンプ夫人を登場させて、新語作りにも貢献した。そのみっともない助産婦がいつも持っていた傘にちなんで、しまりのないだぶだぶの傘がガンプと呼ばれるようになったのである。「それは枯れ草色の、一種の馬車用傘で、てっぺんにあ

ざやかな青の丸い継ぎが器用に当てられていた。」家に帰ると、このボロボロの物体は「まるで高価な珍品のように、これみよがしに展示された」。乗合馬車に乗ってハートフォードシャーへ旅したとき、ガンプ夫人のこうもり傘が「ことのほか手に負えず、つぶれた真鍮の棒の先が一度ならずまちがった裂け目や隙間からとび出して、ほかの乗客をひやひやさせた」。

ディケンズは、またほかのタイプのこうもり傘についても数回言及している。たとえば、スクウィアズ〔『ニコラス・ニックルビー』に登場する校長で、きわめつきの悪党〕がスマイクを意地悪くなぐるときに使ったものや、『デイヴィッド・コッパフィールド』に出てくるミス・モウチャーのガンプがある。[9] さらに、雑誌『常套語』に、当時の傘作りについて詳細、有益な記事を書いている。[10] これは、大博覧会の翌年に出版された『審査委員会報告』をある程度下敷きにしたもので、展示された傘に関する説明と講評があり、ほかの情報源への有益な言及も含めて、すぐれた由来史にもなっている。

ディケンズの挿絵画家、ウィリアム・サッカレーとジョージ・クルクシャンクも傘に注目し、版画作品にユーモラスに描いた。『パンチ』でも、傘はいつもたいへんな人気者で、多くの漫画に、ときには主題として登場している。そのほかのヴィクトリア時代の定期刊行物、とりわけ『イラストレーティッド・ロンドンニュース』と『グラフィック』には、外国のシーンで表敬のパラソルが描かれている。しかし、こういった絵は、現在はかびだらけの重々しい装丁の本の中から探さなければならない。

一八五五年、ウィリアム・サングスターは『傘とその歴史』に、よく知られている逸話を自分流にまとめて書いている。その中には、ほんの少し前に創刊された『記録と疑問』に初めて登場したものもあった。その雑誌には読者から、何年も前にさかのぼって文学に登場した傘について熱心な手紙が寄せられた。最古の例として最も多くあげられたのは、スウィフトとゲイである。そして、読者の世代交代が進んでも、発見されるのは残念ながら、初期の投書の焼き直しばかりだった。

ほかに、こうもり傘への親愛の情を表明した有名な著述家として、サミュエル・バトラー、詩人のフィッツ・グリーン・ハレック、アイザック・ディズレーリがいる。[11] 人気作家のジョーゼフ・ライトは、自分で傘も製造し、一八八五年から一九一二年まで、グラスゴーで有名な「ドルーコ」こ

「ロンドンの笑い」。英国人がときとして外国の貴人用傘に気づいたときの珍しい一例（1956年2月1日付『イヴニングニュース』）

「わが自治区の衛生官は、ナイジェリア地方の役人の色彩豊かな行列に非常に感銘を受けられた」

うもり傘を作っていた。俗人説教者、博愛主義者として名を知られ、スコットランド語の散文と詩も書き、『スコットランドの田園生活情景』は、三万部売れた。彼のこうもり傘は非常に有名で、ステュアート・ブラッキー教授に言わせれば、

雨もものかは出歩くわたし
ジョーゼフ・ライトのこうもりで

ライトは作品を数多く発表したので、当然ながら自分の製品を宣伝することもできた。著書の中には、傘の宣伝に十二ページも費やしたものがある。(12) 傘の製造業者からユーザーまでさまざまあるなか、所有者としてジョージ・ボローほど、こうもり傘に賛辞を捧げた人はいないだろう。

雨が降ってきた。しかし、うしろからの降りだったので、私はこうもり傘をさっと広げて肩にかけ、高笑いした。いい傘を持っていて雨が降り出すと、雨がうしろからのとき、いや、上からのときもだが、どうしてこうも笑いたくなるのか。ただし、雨が前からふきつけるときは別で、そのときは、傘はあまり役に立たない。雨のときの傘ほどいい友だちはいない。ほかの多くのときもそうだ。野生の牛や獰猛な犬に攻撃されたとき、いいこうもり傘さえ持っていれ

ば、何も恐れることはない。雄牛や犬の眼の前に傘を広げれば、相手はおびえて向きを変え、すたこら逃げて行くだろう。あるいは、追いはぎに金を出せと言われても、いい傘を持っていれば、何も心配することはない。悪党の目に石突きをつきつければ、やつはたじたじとなって言うだろう。「だんな！　悪気はないんです。あなたさまのようなお方にお目にかかったことはございません。ほんのちょっと、ふざけてみただけで。」さらに、こうもり傘を持っていれば、立派な人物だということをだれも疑わない。パブへ入ってビールを一杯頼むとする。主人は片手でビールを置きながらもう片方の手で金を請求しはしない。傘を持っているなら、資産家だと思うからだ。また、まっとうな人なら、傘を持っている人に追いつかれて話しかけられたときに会話を拒むことがあるだろうか？　絶対ない。相手が傘を持っているのを見れば、強盗ではないと判断する。強盗は決してこうもり傘を持ち歩かない。テント、盾、槍、身分証明、これが傘なのだ。傘こそ、人間にとって最良の友の一つと数えなければならない。

（こうもり傘は意外にありふれた話題なので、上記の賛辞の中には、ほかの人が言っていることも二、三あるだろう。しかし、筆者は、自分のこうもり傘賛辞の中には、今までだれも言っていないことも二、三あるはずだと自負している。[13]）

「アンブレラ（umbrella）」という語は、英語に採り入れられてごく間もないうちから、あらゆる形態のシェルターまたは防御物を指す隠喩としてふつうに使われ、ヴィクトリア時代にはそのような用例が無数にある。一八四〇年に、エドワード・スタンレー主教がオックスフォード大学を訪れた。同校には主教の息子が在籍し、非常に優秀な成績を上げていた。主教は自分の政見が貴族院での演説からも明らかなので、あまり歓迎されないのではないかと心配していた。「私は無情の嵐に遭うのではないかと思っていたが、息子の『傘』のおかげでうまく切り抜けることができた」と語っている。[14] また、ローランド・ヒルがチャペルで説教をしていたとき、大勢の人が雨宿りのために入ってきた。ヒルはそれを見て感想をもらした。「皆さん。宗教がマントになるという話はたびたび聞いたことがありますが、傘にもなることは今日初めて知りました。[15]」(そう言えば、フランシス・オズボーンも約二百年前に同じような状況でこの言葉を使っている。「脳タリンのあほどもめ、教会の規律と典礼に逆らいながら、宗教を不信心の傘にするとは。[16]」)

一八八五年七月六日、ソールズベリー卿は自由党の年次総会で、「われわれはグラッドストーン氏の傘下に入ることに、まったく異存ない」と宣言した。そこで、しばらくの間、大きなこうもり傘が党の結束のシンボルとされた。『傘の下、あるいは大御所《グラッドストーン》の選挙抒情詩選集』という本を出版する人までいた。グラッドストーンの傘を『パンチ』の漫画は辛辣に批評して、見るからにボロボロのこうもり傘を描いている。

現代の作家は、こうもり傘の文学にほとんど寄与するところはないが、それも無理からぬことだろう。ただし、名誉ある例外はA・G・ガーディナーで、「こうもり傘のモラルについて」という楽しい随筆を書いている。その中に、迷い傘について(本や帽子の場合と比較して)述べたところがあり、彼の家に入りこんだ「スーパー傘」を畏敬の念をこめて書き記している。それは「ある政治家」の持ちものだった。[17]

それとほとんど同じような調子で、『タイムズ』に傘について軽い論説がいくつか載った。また、傘をまちがえたとか、なくしたという投書もいろいろあった。一九三〇年十二月には、やはり『タイムズ』が傘をなくしたことをテーマに手紙を連載し、一九三四年十月には戦時のこうもり傘についての逸話で紙面を飾った。廃刊して久しい『デイリーニュース』も、こうもり傘に少なからぬ興味を示し、一九二九年後半に、「拝啓。私は四十年前からの傘を使っています。これは記録ではないでしょうか？」という趣旨に沿って、たくさんの手紙を紹介している。

古いこうもり傘。1885年『パンチ』の漫画。グラッドストーン氏の傘のたとえを皮肉っている

もっと最近では、『オブザーヴァー』が、「もっとこうもり傘を」という記事を載せた。その中で、アイヴァー・ブラウンは、登山家のために次のような奇抜な嘆願をしている。

山では雨が珍しくないので、登山中に使える本当に丈夫な傘がほしい。畳んで巻けばよい杖になり、開けば本物の避難所になる。もっとも、風が強いときは別だ。すぐに裏返しのパラシュートになってしまう。私は、傘を手にスノードニアのシアボッドへの登頂を企てたことがあるが、支えがひ弱で折れてしまった。というわけで、私の要望は、ヘラクレスの棍棒のように耐久性抜群の登山用傘(18)。

もっと永続的な価値があるのは、学問的な研究も含む数点の長い解説書で、二十世紀に出版されている――なんと、十年に一冊の割合である。これらは原著の出版がイギリス国外なので、イギリスの読者には手に入りにくいが、マックス・フォン・ベーンとA・ヴァロンによるものは英訳されている。

＊＊＊＊

傘は、建築にも登場した。十九世紀初期に、熱狂的なこうもり傘ファンが建てたアンブレラ・コテージである。ドーセット州の町、ライムリージスの高台に現存するなかなか魅力的な住宅で、多角形をしており、中央に煙突があり、屋根は傘布の形になっている。それより以前の十八世紀、東屋（時折庭園の歩道の終点に作られる屋根だけで壁がない小屋）が、アンブレラという名前で呼ばれることがあった。

こうもり傘を持つ像には、ハイゲートのウォーターロー公園にあるサー・シドニー・ウォーターローと、レディングのパーマー公園にあるジョージ・ウィリアム・パーマー（ハントリー・アンド・パーマー〔ビスケットメーカー〕で有名）のものがある。マンチェスターのリチャード・コブデンの像にもこうもり傘があると言われているが、事実ではない。一八五二年に、C・A・デイヴィスがニューヨークの詩人、フィッツ・グリーン・ハレックに手紙を送り、存命中に記念碑を作りたいという意向を示し、「腕にこうもり傘を抱えている姿にご異存はないでしょうか？　傘なしだと、あまり似なくなると思われますので」と尋ねた。傘好きで有名だったハレックは、その提案を面白がった。しかし、死後に立てられた像には、こうもり傘がなかった。[19]

ドーセット州ライムリージスにある傘の家。19世紀になって傘に人気が集まりはじめたことを示す一例

　ネブラスカ州のオマハでは、一八九八年のトランス・ミシシッピ博覧会のために、一種の記念碑的な傘が設計された。高さは約百メートルあり、「親骨」の一本一本に客車が取り付けられていて、全部で三百五十人の人びとを乗せられるようになっていた。

客車に乗り込んだ入場者は、電気仕掛けの機械によって、だんだん上昇して行く。ふつうの傘が開くときのように、巨大な傘が開くのである。最高所までくると、その巨大傘の親骨全体が中央のシャフトのまわりを回転する。こんな変わった呼びものが、いま建設されている。今世紀最大の工業技術の偉業になることはまちがいない。そのうえ、無生物でありながら人類のかけがえのない友である傘にふさわしいモニュメントになるだろう。[20]

一時、傘業界がイギリスのこうもり傘の先駆者として、ジョナス・ハンウェーの記念碑の建立を考えたことがあった。結局実現はしなかったが、ロンドンのハンウェーの名前にちなんだ通りや、ウェストミンスター大聖堂の北袖廊の西通路にある記念碑が、思い出のよすがとなっている。

＊＊＊＊

好事家にはいささか残念なことだが、傘はまだ一般に骨董としての地位を認められていない。たしかに、現代のサール・ヒューズによる研究書[21]には、パラソルが「小さな骨董」と分類されているが、ある大部な骨董事典には、ボタン、パイプ、ステッキ、ショール、扇子の項目まであるのに、こうもり傘とパラソルには一言も言及がない。

時折、初期のものや特に興味深いものが、主に個人の収集家向けにオークションで売られるが、たとえばクリスティーズは、極めて上質な持ち手がついているものでもなければ、ほとんど利益にならないと考えている。一九六七年に、ヴィクトリア時代のふつうのパラソルは四本でたった六ギニーにしかならなかった。翌年には、持ち手だけ（金と真珠で装飾されたもの）が四点で五十八ギニーで売られている。

ありがたいことに、パラソルの個人コレクションはいくらかあり、メアリー・アイアランド夫人のものはひときわ優れている。たいていの大きな博物館は、日傘もこうもり傘も取り揃えており、それらは、ファッションコレクションの一部であることが多い。特にロンドン博物館には、ジョージ四世のこうもり傘、ヴィクトリア女王の鎖帷子《くさりかたびら》のパラソル、エドワード七世の皇太子時代のものとされるロイヤルガンプが展示されていて、一見に価する。それほど有名ではないこうもり傘も、十九世紀のものからさまざまあり、ごく初期の一つには、トマス・ピーズなるイニシアルが見られる。それは頑丈で断面が四角く、親骨は鯨骨、生地はダークブラウンの綾絹にサテンの縁取りがついている。

ロンドン博物館蔵の王室の傘。ジョージ4世（左）、皇太子（右）、ヴィクトリア女王（手前）が所有した

ヴィクトリア・アンド・アルバート美術館には、大き

なシルクのこうもり傘が数点と、その他のタイプの典型的なセレクションがある。その中の、レディ・エリザベス・ウォールドグレイヴの一八六五年頃のパラソルには、蝶を表わす明るい色のシルク布がはめこまれている。マンチェスターのプラットホールにあるギャラリー・オヴ・イングリッシュ・コスチュームは、ほとんどパラソルばかり二百点以上、バーミンガム美術館はおよそ五十点を所蔵している。一八四〇年以前のもので今日まで保存されているものは少ないが、ウスターシャーのスノーズヒル・マナーにある五十点の中には、初期のデザインのものが数点、ヴィクトリア時代の巨大な馬車用傘が十数点ある。

ヨーロッパの多くの博物館も、イギリスと同じ傾向のコレクションを広範囲に所蔵している。だいたいパラソルが多く、こうもり傘は少ない。ただし、特筆に値する結びつきのあるものはほとんどない。イタリアのやや辺鄙なところで、ストレーザの近郊ジネーゼにある「傘とパラソルの博物館」には、専門的なコレクションがある。この村では、かつてほとんどの家が傘の職業に携わっていたことから、みごとなこうもり傘コレクションができあがった。イギリス人見学者にとって、特に興味があると思われるのは、ネヴィル・チェンバレンのこうもり傘に関する手紙である。首相がミュンヘンへ行ったときのこうもり傘を譲ってもらえないかと、一九三八年に同博物館が問い合わせたところ、その返信は簡潔なものだった。

拝啓

首相の代理としてお答えいたします。同様のご依頼が非常に多いため、残念ながらご要望に沿いかねます。

敬具

一九八三年十一月八日

E・M・ワトソン

現在、その手紙は額に入れられ、目立つ場所に陳列されて、博物館の宝になっている。そのほかの宝としては、ヴェネツィアの総督のこうもり傘や、トリノの警察署長のものがある。後者は持ち手に二十センチの短剣を組み込んだものを愛用していた。

アメリカの大きな博物館のほとんどは、大規模なコレクションを持っており、服飾品として展示されているパラソルは数知れないが、それ自体で展示されている例は少ない。マサチューセッツ州セイレムのエセックス・インスティテュートのコレクションは二百点以上あるが、いささか軽視されている。その中には、二世紀以上前のこうもり傘が一、二点あり、一七九〇年頃のイギリスからの最も初期の輸出品も数点、一八六二年頃に六十ドルに相当する金で購入されたパリ製パラソルもある。ニューヨーク市立博物館にある二百七十五点の一部は現地の名士の所有物だった。アメリカには、イギリスよりももっと面白いこうもり傘の歴史がありそうに思えるのだが、大西洋をはさんだその地での日常使用に関して謎めいたところはほとんどなく、文献も貧弱である。[22]

L.L.ボワリー『にわか雨』〔18世紀後半〜19世紀前半〕。
傘や日傘が描かれた作品の一つ

傘の実物が置かれているのと同じ屋根の下に、傘を描いた絵画が展示されていることも珍しくない。こうもり傘または日傘が主役を占める絵画には、前の方の章で述べた古い作品のほかにも、いろいろ有名なものがある。ティエポロ、デュビュッフェ、ドガ、モネ、ゴヤは、こうもり傘または日傘のいずれかを描いている。ナショナル・ポートレート・ギャラリーにはルノワールの『雨傘』が、バーミンガム美術館にはティソの『日傘』、フォード・マドックス・ブラウンの『イギリスの見納め』(イギリスから去る家族を守る非常に実用的なこうもり傘を描いたもの）が展示されている。ドラクロワはミュレー・アブド＝エル＝ラーマンの肖像に、カナレットはヴェネツィアの総督の肖像に、モロッコの王侯用傘を描いている。しかし、最もよく見られるのは東洋の美術で、それは前述のとおり、東洋においては傘が特別な意味を持つことが多いからにほかならない。

ゴヤ『日傘』1777年（プラド美術館蔵）*

（左）ブラウン『イギリスの見納め』1852～55年（バーミンガム美術館蔵）*
（右）カナレット『総督のサンロッコ聖堂訪問』部分、1735年（ロンドン・ナショナルギャラリー蔵）*

第十章　傘産業

イギリスでは十八世紀の最終四半期に、こうもり傘の需要が初めて国内生産に確かな保証を与えるようになり、業者が活躍し始めた。それ以前には、傘を扱う業者は一握りの企業に限られ、商品はほとんど海外から輸入したものだった。しかし、流行が進むにつれて、こうもり傘とパラソルを売る商人の数が増加し、ついには自分で製造するようになった。一七七九年に、ジェイムズ・ワトソンなる人物がタイタス・ヒバートにこうもり傘一本を一ポンド十シリングで売り、その後、二本をたった一ポンドで売っている。その翌年、マーク・ブルがイギリスで初めて傘の特許を取得した。と言っても、実際は、雨降りのときに御者が自由に手綱を扱えるようにするために「サドルまたは車輪付乗物にこうもり傘を固定するための器具」だった。そのデザインは少なくとも二十年間は持ちこたえた。その後、成功をねらう発明家が次々と新案こうもり傘を出現させたが、どれもマーク・ブルの発明品ほど長い人気を獲得するにはいたらなかった。

ロンドンのケント地区商工人名録には、これらの初期の製造業者が何名か記載されている。一七八一年には、サクスビー・アンド・ゴールディングがセントマーティンズ・ルグラン三十二番地に「オイルシルク、リネン、アンブレラ・ウェアハウス」を持っていることが記録されている。また、バーミンガムの古い人名録にも製造者の記録があり、一七八五年のところには、レディー・ウッド・レーンの製造業者ロバート・ギルと、ブルストリート五十四番地でステッキ傘と釣竿を作っていたマイケル・ローレンスの名前が載っている。

これらの初期の業者による商品には、試行錯誤と他人のデザインに頼りすぎているものがあった。一七八六年頃、グラスゴーのジョン・ガードナーは、四年ほど前にジェーミソン博士がその町にもたらした傘からヒントを得て、自分でも作ってみようとした。

それは実に不恰好な代物だった。布はオイルまたはワックスをかけた重いリネンで、親骨はインドの籐でできていた。ほんの少し前から女性たちがペティコートを広げるのによく使っていた材料である。持ち手はごつくて頑丈、持ち運ぶには全く大荷物だった。マンチェスターの業者がもっと軽い傘をもっと安価に製造できるようになったので、ガードナー氏は製造をあきらめなければならなかった。(1)

いくつかの家族経営企業は非常に成功したが、小さな個人企業でいくらかでも成長できた業者は数少ない。というのは、ジョン・ガードナーのように、常にというわけではないが、こうもり傘以外に多くの製品ラインを持つ大企業という強力なライヴァルと張り合わなければならなかったからだ。典型的な例は、マンチェスターのオーエン・オーエンズ・アンド・サンである。最初は帽子の裏地の裁断とつや出し加工をしていたが、新しい事業に可能性を見出し、一八一〇年に傘の製造を始めた。部品はバーミンガムのルーベリー・アンド・バーズから購入した。三年もしないうちに、シルクとコットンギンガムの生地を張った傘の販売は軌道に乗った。ギンガムというのはリネンのような光沢のある綿織物で、ブルターニュのガンガン（Guingamp）という町にちなんでそう呼ばれたが、コットンギンガムの布を使ったこうもり傘の通称にもなった。オーエン・オーエンズは、在宅労働者を雇うというよくある方法を用いて、広大な工場施設を用意せずにすんだので、大きな損失をこうむることなしに利益のあがらない商売を放棄することが

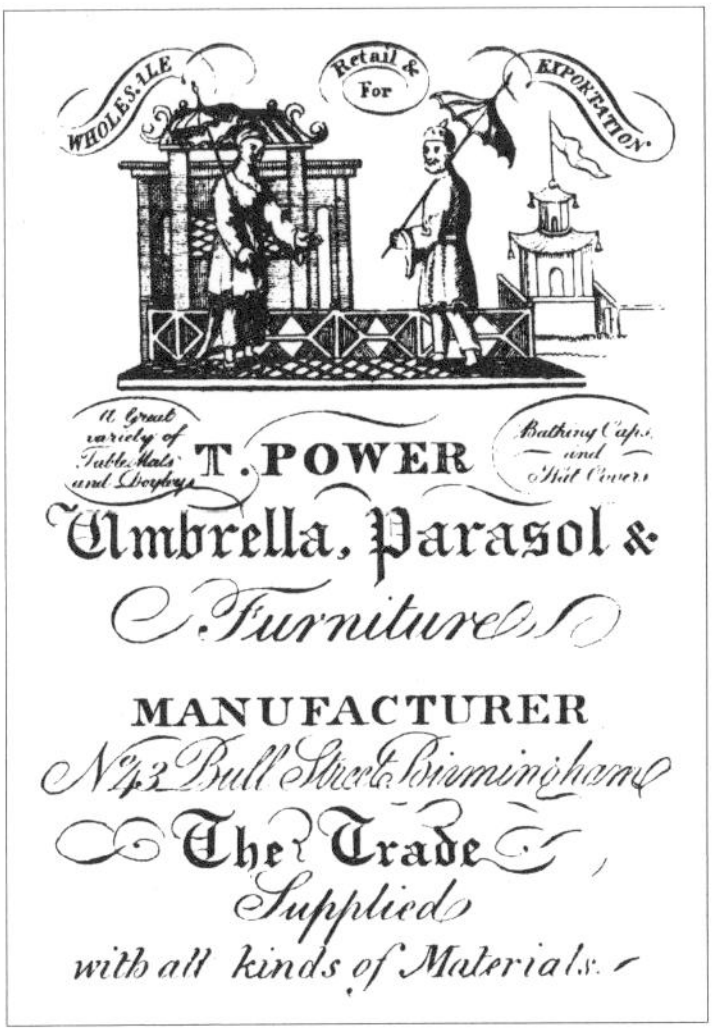

こうもり傘問屋の広告、1821年。多くの商社がこうもり傘とパラソル以外の品目も扱っていた

できた。折悪しく、鯨骨（当時はまだ親骨の主な材料だった）の価格が、需要増加によって一八二二年から三年の間に倍増した。原価高を心配した同社は、一八二二年十二月にこうもり傘の製造を中止した。

他の会社は、木材、籐、ワイヤを通した柳の小枝などを親骨に用いてこの問題を回避しようとしたが、どれも完全に満足できる代用にはならなかった。後に、オーエン・オーエンズは、七十一センチの親骨の代わりに、六十六センチの鯨骨に長めの金属チップをあてがったものを用いて、製造を再開する。しかし、一八二五年に、鯨骨の値がさらに高くなると、まず生産を減らし、ついにはこうもり傘の製造を実質的に断念した。しかし、同社は傘の輪金と他の部品の在庫を一八四六年まで保持しており、リオデジャネイロ、ペルナンブコ、喜望峰への輸出を続け、ボルティモアのジョン・ロビンソンにも出荷していた(2)。

ほとんどのもっと小さな企業は苦闘を続けるしかなく、やがてその過半数がなんとか困難を克服した。ナポレオン戦争の終わりごろ、ロンドンには約六十三のこうもり傘製造業者がいた。一八一八年の『ライトソン新三年商工人名録』に、バーミンガムの「こうもり傘とパラソルの製造業者」は八軒しか載っていないが、ジョーゼフ・ルーベリー、ヘンリー・ホランド、および、将来パートナーとなるウィリアム・コックスなど、すでにいくつかの商号が有名になっていた。

多数の個人企業とおざなりな傘製造業者は、その商売に連帯と一致をほとんど持ちこまなかった。そして、一八四〇年代になってやっと、限られたサークルの外にも認識されるようになった。これ以前の十九世紀初期については、収支決算の統計がないのがかえって目立つだけである。一般の零細企業ではそのような数値をまとめるのが困難だったのではないかと想像する向きもあるかもしれないが、『一八二〇～四三年連合王国および属国における歳入、人口、商業等の目録』を見てみよう。各種産業が詳細にとりあげられているこの書物の中で、こうもり傘は全く無視されており、一八四六年の『商業の本』にも、ほかの想像できる限りのあらゆる職業が網羅されているのに、同じく傘製造業は見あたらない。

ふつうの安い傘が大量生産され、フランスのほかに敵なしという地位を得たおかげで、国内産業はようやく日の目を見た。イギリスは、植民地から、籐、鯨骨、角、象牙など、さまざまな基本原料を無税で輸入することができ、本国は生地を供給できる繊維産業が盛んという強みがあった。そしてまた、フランスでのギンガム生産が減少するという偶然も重なった。一八五一年には、ロンドンではすでに約千三百三十人が傘の仕事に携わっており、その三分の一はステップニー地区に住み、大多数が女性で、退屈で汚い仕事をこなしていた。北部の都市には大きな会社が幾つかあり、小さな製造業者はイギリスのいたるところに数え切れないほどあった。たとえば、デヴォンのこうもり傘メーカーは、主に個人企業だった。

それと比較して、一八四七年のパリには、千四百二十九人（大多数は女性）を雇用する三百七十七のメーカーが、二十九万六千三百二十ポンドに値する製品を製造していた。フランス全体での生産価値は四十万ポンドで、その五分の一が輸出された。（これは当時のイギリス向け輸出の妥当な見積もりよりも、わずかに下回る。）さらに、フランスには傘の軸を専門に作る業者が九十六、残りのフレームを作る作業場が二十九あった。一製造所あたり従業員四人未満という平均値の低さは、ごくふつうのことで、プロイセンには七十七の製造所に五百人が、ザクセンでは、四十五の企業にたった九十一人しか働いていなかった。[3]

この時期にイギリスで取得された特許の数をさっと検討すれば、十九世紀半ばまでには傘製造業が社会に根づいたという印象が裏づけられる。一七八〇年から一八四〇年の間に出された特許申請は二十六件だったが、一八四〇年代には十七件、一八五〇年代には百二十三件である。多くは単なるこけおどしで、この職業に関係のない人が頭の中で思いついたものだったが、中にはふつうのデザインにしっかりした改良を加えたものもあった。国内メーカーの中で最も抜きん出たサミュエル・フォックスのような人物の研究から生まれたものがそれである。フォックスは、鉄鋼産業で三十万ポンドを得たと言われ、もともとはダービーシャーの針金作りだったが、一八四二年にサウスヨークシャーのストックスブリッジ村で使われなくなった紡績工場を買い取った。最初はペティコート用のワイヤとウールコーミング用の針の製造に絞っていたが、やがて傘のフレームの製造にも進出した。それまでは、ほとんどバーミンガムの人びとに独占されていた分野である。

ほんの間もなく、フォックスはスチール製親骨のデザインを改良したものを、「今までにない優れもの」と主張して、特許局へ登録した。それに先立つ一八四〇年に、ヘンリー・ホランドが円筒形の親骨の特許を取得しており、その六年後にはリヨンのピエール・デュシャンが同じようなアイディアを出していた。しかし、フォックスのものは、それよりも確かにすっきりして丈夫に思われた。フォックスは初めてスチール製親骨の活用に成功し、一八四九年には、バーミンガムのトマス・コックスから「一号チューブ、鉄製輪金、鉄製ノッチ」を購入し、ストックスブリッジで自前のフレームを製造していた。一八五二年には、独自のU字断面を持つスチール親骨の製造を開始した。ホランドとデュシャンは三者のアイディアがどれも酷似していると、フォックスの特許申請に異議を唱えたが、最終的には、一八五二年四月六日以降のフォックスの特許が確定した。(4)

デュシャンはフランスでフルート状親骨の特許が取れたし、ホランドは大博覧会でフレームがメダルをもらえたので、きっと埋め合わせはされただろう。ホランドの長方形スチールチューブのおかげで、シルクのこうもり傘の重量は三・九キロにまで減ったが、原価は二シリング上昇した。最初のうちは、これら三人の競争者たちによる親骨は、どれ一つとして業者の注意を呼ばなかった。というのも、多くの模倣者が(特許があるにもかかわらず)劣悪な製品を生み出しており、古い鯨骨よりも新しいデザインのほうが好ましいことが一般的に受け入れられるのに数年を要したからである。

一八五一年の大博覧会は、当時の産業界では一大イヴェントだった。多くのタイプのこうもり傘が陳列されたばかりでなく、『審査員会報告』というりっぱな実を結んだ。これはイギリスの製品と異国の製品を比較した国際的な調査を載せた有用な刊行物である。イギリスの製品への評価はしばしばきびしいものがあるが、フランスの業者の製品は、十分に評価されている。

こうもり傘とパラソルの高級品クラスでは、フランスが傑出していることは疑う余地がない。趣きのあるデザイン、象牙の持ち手にはシャープですばらしい彫刻、さまざまなシルクのパラソルに用いられた芸術的な色彩配置、そして、シルクのこうもり傘に施された柔軟な仕上げ。これらはフランスの製造業者に明らかに軍配が上がる。さらにフレームも、つい最近までイギリスで作られていた物よりはるかに軽量ですっきりしていた。フランスのパラソルとこうもり傘は軽さと優雅さという点で、アメリカとイタリアにおいて高い評価を獲得している……［しかし］フランスの製品は価格が高いと言わなければならない。通常の卸売価格はワンタッチ式の上等シルクこうもり傘が二十シリングから四十シリング、パラソルの場合は十三シリングから八十シリングと幅がある。しかし、それはそれとして、あらゆる点で仕上がりは申し分ない。⑤

審査員団は連合王国の展示を審査したとき、「イギリスは簡素なクラスのパラソルとこうもり傘については並ぶものがない」と考えた。しかし、最も高価なレースとシルクのパラソルは、五ギニー〔一ギニーは二十一シリングに相当〕で展示されていた。

……その傘は、優雅さという点でフランス部門のほとんどの見本よりはるかに劣り、価格ははるかに高かった。わが国の傘製造業者は、フランスの同業者に学ぶに限る。芸術的な才のある人を招いて、新しい傘の考案に力を仰ぐのがよい。イギリスにも、象牙彫刻師にすばらしいデザインを提供して最初の作品を彫るのを監督できる人はたくさんいるから、その助けを借りれば、現在のような間に合わせから、だんだんによい彫刻に変えて行き、高級な上品感が漂うものにし、それでいて個々の品物にかかる経費はほんのわずかの増加ですませることができるだろう。同様に、調和のとれた色彩を揃えるという点でも、少しばかり芸術的援助がほしい。そうすれば、次回の博覧会では、深紅のパラソルに黄色のフリンジというような展示はなくなるだろう。(6)

三十三人の出品者のうち、五人が優勝メダルを受け取り、二人が佳作に選ばれた。優勝者のひとりは、パリの製造業者、E・シャラジャで、最高の技量と賞賛された。持ち手のデザインと彫刻は最高級で「機械装置も随所に独創性がある」と審査員団から認められた。ルネ＝マリー・カザルの作品も、同様の理由で受賞したが、価格は三十二シリングから百シリングと非常に高かった。イギリス人の受賞者はホランド、サングスター兄弟、イーストチープのJ・モーランド・アンド・サンだった。後者のパラソルとこうもり傘は「きわめて優秀な技量と廉価」を買われた。こうもり傘が三シリング六ペンスから二十二シリング、シルクのパラソルが一シリング七ペンスから十六シリングだった。

『審査員会報告』は、イギリスの産業の繁栄にも注目し、年間生産高が全く把握できないことを白状しながらも、製造方法と価格について興味ある説明をしている。十九世紀の中ごろ、フレーム製造に必要な道具は、簡単な旋盤が二つと、その一つに取り付けた丸鋸、親骨の先を成型するローズカッター、旋盤のマンドリルにねじ込む数本のドリルだった。さらに、小さなナイフ、小さな万力、それにプライヤーといった、ありふれた道具類で、どれも、三ポンドから六ポンドの間だった。

親骨八本のフレームを組み立てるのには、百三十五から百六十三の連続的工程が必要だったが、賃金は出来高払いで情けないほど低く、パラソルのフレームは二分の一から四分の三ペニー、籐製親骨のこうもり傘は四分の三から一ペニー、鯨骨のこうもり傘は二ペンス半だった。当時の傘業界には新型のスチール製親骨が増えていたが、くじらひげも年間四百トン使用されていた。四人の少年助手を抱える職人は、一週間に六百点の安物フレームを作ることができた。稼ぎは五十シリングぐらいだっただろう。しかし、真鍮板と鉄線の原価は八シリングで、助手にひとり四シリングの給料を払えば、職人の手取りは週に二十四〜二十六シリングだった。「しかし、職人はしばしば、問屋の倉庫で待たされなければならなかったので、時には半日以上もロスすることがあった。」

作業場で作られたフレームは針子のところに「出される」。針子は同じ作業場でずっと働いていることもあれば、自宅で断続的に働くこともあった。針子がゴア（生地にする三角形の布）を縫い合わせる手間賃は、最も安いタイプのもので一ダースあたり一シリング、最上のもので四シリングだった。小さなスチール針を途中で引き抜くことなく最初から終りまで一本の糸で通す縫い方で、最後に親指の爪で縫い目をしごいてキーッという音を立てるのは「トウィードル」と呼ばれる。その後、端を縁縫いし、生地全体をフレームに留め付ける（リージェントストリートのルイス・アンド・アレンビーという会社は、ほつれを防ぐために、一八五一年から縫い取りの代わりに縁をジグザグに切ることにした）。その後、ふつうは問屋で石突きと持ち手が取り付けられ、傘として出荷できる状態になる。これらの手間に対する出来高払い賃金は非常に低かったので、常備労働者は十一月以降の商売停滞で苦しめられた。その仕事を、「一年の半分は重労働、残りの半分は飢餓」と表現したのは、的を射ている。

人件費が安いので、子供用ギンガムの価格はわずか四ペンス。婦人用ギンガムまたは小さなシルクのパラソルは十ペンス半、また、重さ二百三十グラムありそうなギンガムは七ペンスだった。実に低価格だが、ロンドンのある会社は一週間に三千から四千のこうもり傘を売っていたと思われる。もちろん、もっと上質の傘は値段が高く、アルパカのこうもり傘は六シリングから十二シリング、上質のシルクのこうもり傘は二十二シリングの値がついていた。

大量生産された傘はいろいろな店に発送されたが、ロンドンのラスボーンプレースにあるサヴォカー・アンド・カンパニーは、服地と雑貨小間物を商いながらパラソルの問屋も経営していた。季節によってうまく切り替えていたのだろう。商売の安定を一年中確保するために、毛皮売り場にパラソルを陳列する店もあった。

もっと小さな企業は自分のところで店頭売りをした。作業場でできた製品を同じ建物、あるいは同じ部屋で売っていることもあった。最初はつつましやかな店から出発して、どんどん力をつけた企業も少ないながらあった。サングスターは一七七七年にフリートストリート九十四番地で創業し、やがて一流のこうもり傘メーカーとして認められるようになった。一八三九年にリージェントストリートに店を持ち、チープサイドとコーンヒルにも支店を出した。雨傘製造業者でチェーン店を持った第一号と思われる。サングスター家の二人の兄弟、ウィリアムとジョンは、アルパカ生地のこうもり傘で有名になり、その優良作品が大博覧会でメダルを受けた。アルパカは南米にいるラマの無染色の毛から作られ、シルクよりも劣るが、一ヤードあたり二シリング安く、日光も水も通さなかった。アルパカは非常に評判になり、一八五一年には、イギリスの産業で二万五千ポンド分が使われ、一八五四年にはアルパカの傘が四万五千本売れていた。一八六〇年には、サングスターの店は年間五十万本のアルパカ傘を販売したと言われる。(7)

ヴィクトリア時代の傘屋

その当時すでに、いくつかの優勢な企業が出来栄えのよさで有名になっていた。製造方法も設備も長年ほとんど変化していなかったが、組み立て方を見ればその知識が半端でなかったことがわかる。いろいろな木材が使われたが、籐または真竹が持ち手に最適だった。持ち手を軸にはめ込み、にかわづけするのだが、軸の材質はトネリコ、サクラ、ランスウッドなど、客の好み次第で何でもあった。フレームのメーカーは、親骨をワイヤでつなぐという原始的な方法の代わりに、もっと効率的なノッチを使った（もっとも、まだ多くのメーカーは、その原始的な方法に頼っていた）。製造の全段階が、ふつう以上の技術を有する職人と女性たちに委ねられた。そこで生産されるのはトップクラスの製品だったが、そのように作られたこうもり傘は修理や張り替えが必要になることがめったにないので、商売に打撃を与える可能性があった。当然想像されることだが、こういった職人わざは現在では死んだも同然である。しかし、それが生きている会社も、まだまれには存在する。ピカディリーのブリッグなどがそうで、昔は一雨降るごとに完全主義の客が立ち寄り、こうもり傘にアイロンをかけてきれいに巻いてもらったものだった。「午前中にブリッグへぶらりと出かけること」は、三十分ぐらいの時間つぶしにちょうどよいと人気があった。その間に、自分のこうもり傘のワードローブに新しい持ち手を加えることもできただろう。そのころにはすでに、ブリッグは特別注文に応じることで評判を確かなものにしていた。持ち手や軸を取り揃え、「ある客が、親骨が通常のような八本ではなく九本の傘を要望した」ときにも便宜もはかった。「［その人物のことは］今でも愛情と感嘆を込めて語られている。奇人クラブの会員だったが、単にこのことがあったあとになったのか、このことがあったためになったのかは、はっきりしない[8]。」

そのような優れた会社は自分のところで作った製品を売るか、あるいは、信用ある問屋にのみ出荷していたと思われる。それに対して、イーストエンドで作られる多くの安いガンプは街頭で売られていた。ヘンリー・メイヒューは、著書の『ロンドンの労働者とロンドンの貧民』で、この忙しい商売について解説している。

古いこうもり傘とパラソルの街頭商人は、数え切れないほどいた。しかし、買い取りは傘の商売の中で最も熟練が不要な部分だった。かなりきちんとした身なりの男性や、ジプシーのように浅黒い肌をした人や、ときには放浪者のような外見の人などが、町や郊外のいたるところで数本のみすぼらしい傘や傘の軸や親骨を抱えているのが見られた。そして、「傘直しの御用は」とか「古傘買います」と叫んでいた。こうもり傘の商人はボロ屋でもあり、いつも物々交換で喜んで引き取り、それらを古着交換所かペティコートレーンで処分すればよかった……。

ほんの数年前までは、男性が傘を使用すれば、めめしいというそしりを受けたのに、今では街頭やモンマス・ストリートの中古品店のようなところで何千本と売られている。こうした街頭の傘売りのひとりから話を聞いたところ、最近街頭で紳士の日よけ用に古い絹の傘を売ったが、売れ行きは悪くて、これからも商売を続けたいという気持ちにはなれなかったとのことだ。(9)

19世紀の典型的なこうもり傘売り

そのほかに傘の商売の形態としてよく知られたものは、修理屋だった。傘修理屋はヴィクトリア時代に巷では「マッシュフェイカー」または「マッシュルームフェイカー」と呼ばれていた。マッシュルームとは、こうもり傘を広げた形を指す。メイヒューのリポートでは、

> ……［彼らは］どんな傘でも、その所有者の家で修理する。私の知るところでは、器用に直してくれることもしばしばだが、また同じぐらいしばしば失敗もある。それを商売用語では「ボツになる」と言う。この商売に今までのところ不正はなく、マッシュルームフェイカーは、ちょっとした手先仕事を披露しては手間賃を受け取る。しかし、路上にはペティコートレーンで古い傘を買う別の種類の人びともいる。路上バイヤーというか、路上コレクターというか、「ときには自分で買い集めに回ることもある」とのことだ。集めた傘を修理し――妻たちが修理することもあるが、夫と同じぐらい腕は確か――それを橋の入口や街角で売り物に出す。[10]

もちろん、修理を引き受ける店もあり、ふつう

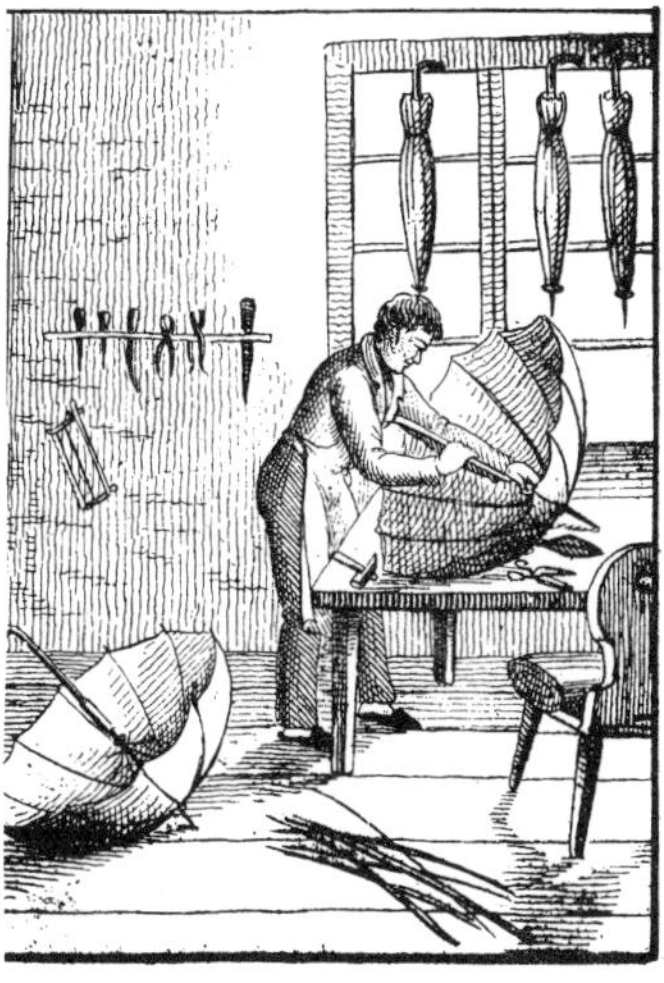

傘修理、1833年頃

は赤い傘の看板でそれとわかった。そこでは多分、大道修理屋よりも信頼のおける広いサービスが受けられた。ショアディッチのオールド・ストリートにあるその手の店の窓に、十九世紀中ごろ、面白い札が二枚貼られていた。ひとつは、傘と人間の病気を比べたもの、もうひとつは、この自称「傘の病院」での修理料金を示したものである。[11]

	シリング	ペンス
肋骨の骨折修復		六
背骨修復		六
背骨新規挿入	一	○
筋の修復		六
新膜張り付け	二	六
構造異常の修復	一	○
頸部脱臼修復		六
頸部骨折修復		九
神経新規移植	一	○
新しい肋骨		六
新しい筋		三

新しい原動力　六
鋸歯取り付け　六
筋力回復　一六
新しい頭部の固定　一三
新しい頭部装着　一〇

そのほかにも、ロンドン・アンブレラカンパニーのような会社が提供したサービスがあった。十九世紀中ごろ、同社はロンドン中心部のいたるところに、保証金と小額の料金でこうもり傘を貸し出す取次所を持っていた。借り手は次のような注意書のある券を受け取る。

保証金四シリング。三時間以内四ペンス。十二時間から二十四時間まで九ペンス。
延長一日につき六ペンス。
夜間九時より翌朝九時まで割引あり。
保証金は傘の返却時に本券と引き換えに返還。返還はどの取次所でも可。

十九世紀の中ごろには、産業革命の恩恵を受けるにしたがって、傘業界にさまざまな変化があった。漆塗りの鉄製の軸、錫メッキした鉄製受骨、およびほとんどの真鍮部品（どれも一時はほとんど世界共通だった）は、輸出貿易へと追いやられた。傘の備品のさまざまなパーツの製造に蒸気が用いられた。親骨を作る数回の工程が一回で可能になった。[12] しかし、一八八六年になってもまだ、親骨と受骨を鋲締めにすると「経済的で都合がよいとはわかって」いなかった。しかし、親骨にさらなる改良が一つ加えられた。それは実に結果がよく、今日のこうもり傘の形態に大きく寄与している。一八七三年のこと、フォックス社が湾曲した親骨の特許を得たと発表した。それによって、こうもり傘を畳んだときの姿がはるかにすっきりしたものになった。それまで骨の先は持ち手から一・三センチ離れたところを取り巻いていたのが、持ち手のすぐそばに収まり、衣服やカーテンに引っかかることがなくなった。このような製法の改良と原材料の節約により、製造業者は次第に価格を下げることができ、初期のイギリス国内生産品の半分にまで下がることもあった。（同じく、工具の改良も、下請け職人の賃金と労働の機会を減少させた。「仕事がどんどん来ていたときはお金になったけれど、仕事がなくなってしまうと、私たち女があぶれる。」[13]）

これほどの変化にもかかわらず、八〇年代初期の海外競争はイギリスの国内取引に打撃を与えた。それというのも、ドイツが太刀打ちできないような価格でイギリスにこうもり傘を輸出し始めたからである。その商品はしばしば過剰在庫の原価処分だった。イギリスの企業は政府に販売促進を請願し、自らは輸出に専念した。その結果、輸出製品の総額は次第に上昇し、一八八八年には六十六万五千ポンドという頂点に達した。一般に輸出用傘は水準が低く、その多くは流行遅れの材料を用いて、ロンドンのイーストエンドの女性たちによって作られたものだった。多数がアジアに渡った。

たとえば、一八八二年には、四十八万五千百三十七ポンドの輸出があったが、そのうち、八十一万九千三百十三本がビルマへ、三百五十三万五十五本がインドへ売られている。

しかし、ドイツの件は、国際競争の結果としての国内産業の着実な衰退の前座にすぎなかった。間もなく、一流の会社ですら独立を維持することができなくなり、現地企業が、たとえばスチールワイヤの供給者と合併することは珍しくなかったし、そしてその混成企業が二つあるいはそれ以上のほかの企業と合併した。コックスとホランドが創業した有名な事業も、五つの合同企業に組み込まれた。メーカー数の減少は、その時期の州の商工人名録を継時的に見れば明らかだだが、その企業合併は当時、特に不吉とはとらえられていなかった。海外競争に対抗するための統合の大きな要素と、婉曲的に表現されている。[14]

一九〇四年から六年にかけて、傘産業はイギリスの占領地以外の海外でも売上を伸ばそうと、さらに努力を傾けた。一九〇七年には、国内生産額百三十一万四千ポンドのうち、四十二パーセントを輸出が占めるにいたる。しかし、それ以降、日本とイタリアによる競争が激しくなり、年次生産高は減少し始めた。それに続く十年がもしも平和であったとしても、イギリスの傘産業がかつての優位を取り戻すことはなかっただろう。イギリスの製造業者にとって非常に重要だったインドへの輸出も落ち込んだ。しかし、インドがイギリスの業者にとって頼みの綱であることに変わりはなく、一九〇五年には年間輸出総額の半分以上にあたる十九万三千ポンド分のこうもり傘を発送していた。しかし、これは別格で、インドがこの時期に諸外国から輸入した平均年額は十六万四千ポンドだった。[15]

一九一四年の戦争の勃発は必然的に貿易収支を完全に崩壊させたが、大陸の国々は最悪で、フランスは特に痛手を受けた。一九一三年に輸出された百六万六千本の傘の十八パーセントが向かっていた国が、いまや戦争相手国になったのだ。しかし、驚いたことに、フランスの業者は当分の間、相変わらずたくさんの注文を受けた。中国からフレームの注文もあった。もっとも、労働力と原材料の不足による深刻な品不足で、著しく制約されはした。もっと多くの女性に商売を覚えてもらわなければならなかった。製造業者は、金属製の部品をアメリカとイタリアから、繊維をイギリスから、籐の親骨と漆塗りの持ち手を日本から、籐の持ち手を広東《カントン》から取り寄せなければならなかった。フランスの植民地、キプロス、スペインからの注文は断らなければならなかったので、これらの客はイギリスと日本に向かうことになった。

終戦後、フランスの傘産業の回復は遅々たるもので、一九一九年末の生産高は、戦前の半分にしかならなかった。一方、為替の崩落により、イギリスから繊維と金属を購入することができなかった。こうもり傘の輸出は戦争前の統計値の十二パーセントで、十三万本という少なさだった[16]。

イギリスの傘産業も、戦争中は同様の痛手を受けた。特に生産の規制が打撃的だったが、原材料の調達はまだ植民地を頼ることができ、繊維の不足する国々へ輸出することもできた。一九一三年のこうもり傘の輸出は三百五十一万八千百八十四本、額は四十八万三千四百五十二ポンドだった。これが一九一九年には、五十七万二百二十八本、二十六万五千七百七十九ポンドに落ち込む（海外へ輸出された傘の一本あたり価格は二・三五倍に増加したことになる）。翌年には、海外市場へ輸出されたこうもり傘の総額は、七十六万二千九百四十九ポンドと三倍になった。しかし、実数は二倍しか増えていないので、価格は上がっている。一九一八年に十四シリングだった傘が、一九二〇年五月には三十五シリングになった。価格はその後数年、下降傾向をたどったが、その前に修理屋には一時なりともありがたい救済が与えられた。新しい傘に取り替えるより、修理して使うことを選ぶ人びとが増えたので、だんだんに商売が活気づいたのである。一九二四年には一九〇七年の五倍の額の修繕作業が行なわれた。

戦争が傘産業にもたらした変化はほかにもある。良心的な職人がますます減ったのだ。従業員は労働条件に関心を持つようになり、一九二〇年二月に最低賃金を要求して新しい時間給を獲得し、さらに、雇用一年後からは七日間の有給休暇も勝ち取った。裁断またはフレーム作りの熟練工は一時間あたり三と四分の三ペンスから一シリング四ペンスを、それほど熟練していない女性の機械工と組立工は九ペンスまで稼げるようになった。そのような賃金は潤沢と言うにはほど遠く、一八九三年の生計費がかなり低かったころとほとんど同じぐらいだった。しかし、それがすぐに最低水準になったことは、その翌年にロンドンで傘産業に従事していた千二百人の男性と六百人の女性について計算すると明らかである。当時、男子の見習い工は週に十七シリング、女子は十六シリング稼ぐことができた。短期間の訓練の後、出来高払いになると、男性は週三ポンド、女性はその半分くらいを稼いだ。しかし、傘業界には戦後世代をひきつける魅力が多分に欠けていた。そして、こうもり傘の需要減少につれて、工場で働く人が一九〇七年の七千五百六十三人から一九二四年の五千五百二十八人へと著しく減少したのも驚くにあたらない。この時期に、機械装置の形式にも重要な変化があり、内燃機関と水力機関がピストン蒸気機関に置き換えられた(17)。

次の十年間の一九二五年から三五年にかけて、イギリスの傘産業はひどく落ち込んだ。外国からの攻勢にぶつかって、永久に輸出市場を手放すことになった。新しいライヴァルのすべてが必ずしも輸出を行なったわけではなく、自給自足できれば満足という国もあった。ハンガリーがその最たる例で、十二年間で輸入を五パーセントに減らした。イギリスは一九二四年には二十四万六千ポンドに値する百三万二千本の傘を輸出していたが、一九三七年には、外国向けの傘は、わずか七万ポンドの四十三万二千本になっていた。

一九三〇年代早々、弱り目に祟り目で、ついにパラソルまで流行から捨てられた。夏のパラソルは雨季の雨傘とつりあいをとってくれる大切なおもりだったのに、傘業界はそれを失った。打撃を受けたのは生産高ばかりではく(一九二四年から一九三五年までの間に十八パーセント落ち込んだ)、世間の人が傘製造業者に対して抱くイメージも、はなやかで軽いパラソルから、退屈で実用的なこうもり傘へと変わってしまった。

アリソン・アドバーガムは次のように表現している。

こうもり傘とパラソルは、形は同じで、似た材料で作られ、持ち手もさほどちがわない。しかし、雰囲気はまるで異なる。こうもり傘は実用一辺倒、パラソルは陽気で装飾的な付属品で

ある。こうもり傘は雨と失望を連想させる。パラソルは日時計のように、夏の時間だけを指し示す。(18)

三〇年代の初めから終わりまで、イギリスのこうもり傘製造業は、増加の一途をたどる海外からの競争に直面しつつも、外国の安い部品を輸入し、国内市場を守るためにいくつかの手段を講じた。外国製の部品は原産国を表示しなければならなかったが、この要件を満たさなかったために罰金を科された業者が少なくとも一社ある。外国産の部品を使った傘を購入した人は、イギリス製の品物を購入しているという印象を持っていたらしいが――ある小売商の買付人がそうだった――実際は外国製だった。しかし、同社の役員は、布がイタリア製、持ち手が日本製、フレームがフランス製であっても、ロンドンで組み立てられたこうもり傘であれば、イギリス製と称することは正当だと主張した。

一九三四年六月に、フレームに関する戻し税（再輸出時に物品税または輸入税を払い戻すもの）の適用勧告を輸入税諮問委員会が拒否する事件があったにもかかわらず、これらの安い外国製部品の輸入は続いた。その結果、特に親骨のメーカーは、コスト上昇のため親骨のサイズが多様では競争できないことに気づいた。フォックスは十六インチ〔四十センチ〕から三十六インチ〔九十一センチ〕まで、「ありとあらゆるタイプの親骨」を使用していたが、標準サイズを十八インチ〔四十六センチ〕から二十六インチ〔六十六センチ〕の間に狭めることにした。国家財政委員会は国内生産を保護するため、遅まきながら一九三七年に輸入税追加命令を出し、輸入される傘用金具のほとんどに二十パーセントの課税を行なった。これによって、しばらくはイギリス製部品の使用が促進された。

しかし、イギリスの傘産業は少なくともドイツの傘産業ほどひどい状態ではなかった。ドイツでは、軍事化によって十五万人の傘産業の従業員が失業していた。ナチスに軍用傘は不要だったのだ。しかし、『タイムズ』が示唆したように、ヒトラーなら事態を修復できたかもしれない。

もしも、相当の人物が、たった一度でも、こうもり傘を持って公の場に姿を現わすなら——あるいは、右腕だけの敬礼よりも、こうもり傘で一段と長さと気品を増した右腕での敬礼のほうが感銘を与えるということが一般に認められるなら——十万本のこうもり傘が飛び上がる壮観は——

ここで、書き手は「文章を終わらせる力を奪われるほど感動的な空想」から我に返らなければならなかった。[19]

五年後に、また戦争が起き、ほとんどの傘工場は、もっと重要な製品を製造することを求められた。ただし少なくともイギリスではわずかな生産が許され、一九四〇年には、すべてのこうもり傘に税が課せられた。すぐに原材料が不足し、政府省庁が割り当てを個々の会社に対してではなく、傘産業に対して行なうようになったため、一九四一年に、全国傘製造者連盟が誕生して、この業界の利益を代表するようになった。一九四二年八月一日、許可なくこうもり傘の製造と修繕を行なうことは禁止され、この規制は一九四七年一月まで有効に存続した。

一九四四年には、生産高が最低にまで落ち込んだ。工場から出荷されたこうもり傘はわずか五十四万本で、すべて国内の民間市場向けだった。このときにはもう、政府は深刻な労働力不足から企業の集中化政策を実施し、いくつかの会社が共同作業を行なうようになっていた。多分、三〜四社の個人企業が一つの工場で傘を作っていたと思われる。戦争が終わった後も、これら共同企業の多くは別事業として再出発することを選ばなかった。ステップニーでは、戦前は三社に八十人が働いていたが、戦後に再開したのは二社で、従業員は十人だけだった。[20]

有名な製造会社ソル・シャヴェリアンは戦闘機モスキートーの部品製造に転向し、戦争の間、こうもり傘は割り当てられた少数しか製造できなかった。同じくサミュエル・フォックスは完全に戦争のための業務に服し、傘製造部は榴散弾用の鋼鉄製外枠を製造していた。その部門はダンケルクの撤退の後、三〇三口径銃のガンベルトの連結金具に切り替え、その後はイギリスじゅうに「上空援護《エア・アンブレラ》」を張る重要な軍需物資を製造した。一九四四年十一月、同社は傘の親骨の製造再開を許され、さらにその四年後には、その一部始終を語る百周年記念版を出版した。[21] ついに全面的製造が再開されたとき、『タイムズ』は次のようにコメントした。

……あの当時、われわれが得ようと戦っている自由の一つとして、許可なしにこうもり傘を作る自由もあるということは、われわれの脳裏にまったく浮かばなかった……しばらくの間は傘作りにとって大切な雨を求める祈りは後回しにして、感謝の祈りが唱えられることだろう(22)。

傘製造事業が体験した大きな変革を考えれば、戦後の復帰は生産高の面ではまず理解できるものだったが、一九四八年の生産額が（下に示す表の通り）膨れ上がっているのは当時六十六・七パーセントだった物品税の増加によるものである。しかし、傘産業は戦後の困難な時期を切り抜け、一九四九年一月、業界の代表者が経済財務長官のダグラス・ジェイを訪ね、その壊滅的な税に抗議した。ジェイ長官は、次期予算では彼らの抗議を心に留めておくとお決まりの約束をしたが、やはり、実際には少しも引き下げがなく、一九三八年以来、諸経費は五・二五倍に上昇したのに対し、価格は三倍にしかなっていなかった。その年は全体として、傘業界にとってさんざ

	1937（含む北アイルランド）	1948（北アイルランドを含まず）
こうもり傘、ステッキ、スペア部品を製造している従業員10人以上の施設による総生産高	£1,143,000	£2,225,000
上記施設の数	約70	52
従業員総数	2,854	2,925
上記会社での傘の販売数	3,780,000	1,512,000
金額	£823,000	£1,233,000
輸出総数	432,000	480,000
金額	£70,000	£355,000

1937年と1948年の生産統計の比較(23)
（北アイルランドの統計値は非常に小さい）

んな年になった。大手企業の総生産高が五十万ポンド落ち込んだのだ。しかし、一九五〇年には十分回復した。一九五一年には年間売上は二百万を超え、輸出数量の六十八万四千点は、戦争前の数値を上回っていた。とはいえ、十九世紀末の輸出高の一部にしかならないお粗末さだった。

しかし、議会はやがて、こうもり傘のほとんどの部品と金具に百パーセントの物品税をかけることを審議し始めた。ある会社が、生産高が五百ポンド以下で課税登録をする必要のない瀕死の競争者から大量に買い付けるという状況を引き起こしたので、それに対応するためだった。二十六社以上の小会社が、少量の部品を購入して、親会社がそれを傘にして販売する。こうすれば、物品税を一万から二万ポンドほど免れ、他のメーカーよりも一本あたり八シリングほど価格を下げることができるのである。

下院はその問題にあまり関心を示さなかった。そして、英国傘製造業協会の会長でもあったサー・ジョン・バーロウが、完成品の傘に対する物品税を三十三・三パーセントに引き下げるよう提案した。そうすれば高額の税金を逃れようという誘惑を取り去ることができるだろうと主張したのだが、傘のすべての部品に物品税をかけるという新しい法令が承認された――たちまち多数の小会社が廃業に追い込まれた。完成品への税率は、一九五三年には二十五パーセントに引き下げられ、部品への課税は一九五四年に廃止された。しかし、業界はまだ不満だった。こうもり傘は本来、衣料品だから、物品税は五パーセントのはずで、ステッキと同じ高い税率に置かれるのはおかしいと言うのだ。

一九五四〜五年の特徴は、香港から輸入されるこうもり傘の数が驚くほど増加したことである。それらは「エンパイアメイド」というスタンプが押され、一本三シリングでイギリスに入り、五シリング六ペンスで売られた。これらの傘は、家族総出で週六十時間フレームを作る家内工業で製造されていた。香港はそれによって月あたり六十万本というイギリスの二倍の生産を達成することができた。マンチェスターの商人ウォルター・メイピンは、一九五五年二月、ひとりで抗議行進を行なった。その訴えは五シリングのこうもり傘によって商売が台無しにされているというもので、その値段は彼が毎週売り上げる五、六十本の傘一本一本にかかる税金に等しかった。ほかの商人たちは、規定の「エンパイアメイド」のスタンプが押されていない香港製の傘を売る会社を烈しくなじった。

香港製輸入品の第一陣は、製造が粗末で修理がむずかしかったため、市民の受けはよくなかった。しかし、瞬く間にレベルが上がり、「エンパイアメイド」のこうもり傘はまもなくアフリカと極東において、イギリスの製造業者の商売に深く切り込んでいった。同地へのイギリスの輸出は戦前の半分になった。もっと深刻だったのは日本の脅威で、日本は一九六六年に年間千二百万本のこうもり傘をアメリカに輸出し、アメリカの傘産業を粉砕していた。「日本によるアメリカのこうもり傘事業乗っ取りの歴史は、われわれ皆に冷水を浴びせた」と語ったのは、イギリスの製造業者で、その前年に三十一万八千本になった日本からイギリスへの輸入に厳しい目を向けた。その統計値は翌年の一九六六年にほとんど倍増したが、一九六七年には四十三万二千本に落ち込んだ。ただし、それは日本がドイツ市場に専念したからで、ドイツの傘生産の三分の二に迫っていた。同年に香港製という触れ込みでイギリスに輸入された百八十九万六千本のこうもり傘のうち、多くは日本で作られたと思われる。全体から見ると、東洋とのこうした競争の結果、イギリスに関する限りは輸出市場の底が抜けたも同然で、一九六六年にイギリスから輸出されたこうもり傘はわずか二万六千四本、総額は三万九千八百五十八ポンドだった。

イギリスの製造業者は、海外の会社が新しい流行を取り入れて商品化するのに数カ月かかることを知っていたので、常に色やデザインを変えてその脅威と戦おうとした。さらに、こうもり傘を純粋に実用的な魅力に頼らせるよりは、流行の重要性も強調するようにした。また、イギリスのユーザーの一般的傾向を知っている国内業者は、品質とサービスが結局は物を言うと信じて自らを慰めた。あるイギリスの製造業者は次のように言う。

アメリカ人は何か買っては、すぐに捨てる。イギリス人はそうではない。金を使うなら価値を求める。もしも自分が買った品物が期待していたサービスを提供してくれないなら、それを購入した店へ引き返す。評判の良い製造業者なら、自社の製品へのアフターサービスに潔く応じる。日本製の安い輸入傘に無料でこうしたサービスを望むことは不可能だろう。したがって、こういう品物を購入する人びとは修理が必要なときに困ることになる。(24)

いずれにしても、傘修理はだんだんに忘れ去られた技術になり、高齢の職人の代わりを見つけられなくなり、小売店は修理部門を閉鎖しなければならなくなった。製造業者は修理業務を引き受けるのに消極的だった。新しい傘の生産の妨げとなるからである。しかし、一九六七年に、W・ジョーンズ・アンド・カンパニーが新しい組立て方法を取り入れ、「ジョンセラ・ジャンペックス」を販売した。それは三つのパーツに分解することができ、どのパーツも小売店で簡単に取り替えることができた。

＊＊＊＊

イギリスのこうもり傘産業が生き残りをかけて闘争していることを述べて終わるのは、最高の終わり方とは言えないだろうし、少なくともヨーロッパではとうに全盛期を過ぎているが、こうもり傘はいまだに広く人気を保っており、どのような形にせよ、これからもずっと、われわれと共にありそうである。若者たちはこうもり傘を嫌いではないし、きれいに畳まれた傘は、立派な身なりの紳士の象徴としてまだ通用する。釣人やゴルファーも傘のファンだし、競馬場の馬券屋も雨の日に傘がなくては仕事にならないだろう。しかし、こうもり傘の明るい未来を最も予感させるのは都心だろう。車両通行止めの歩行者専用道路が増えたために駐車場が不足し、マイカーでの都心乗り入れがだんだんにむずかしくなっている。その結果、歩行者が増え、こうもり傘の需要が回復するかもしれない。

パラソルは、最も単純な形での返り咲きはむずかしいかもしれない。しかし、うまく後継品を生産している会社もあり、ジャイアント日傘や広告入り傘など、カラフルで人目を引くものもある。しかし、まだふつうのこうもり傘の神秘性を持つには至っていない。

傘製造業者のソル・シャヴェリアンが「太陽放射線プロテクター」を製造しているのは未来の先触れになるかもしれない。それは垂直離陸式飛行機のパイロットがコックピットで離陸指示を待っているときに、太陽放射から遮蔽するためのものである。宇宙時代のこうもり傘の居場所としては、このあたりがちょうどよいのではないだろうか。

訳者あとがき ――エッセー風に

間もなく夏の高校野球が始まる。あの高校生たちあこがれの甲子園球場、観客席はアルプススタンド、屋根は銀傘《さん》と、一般人はともかくラジオ・テレビのアナウンサーには口ぐせのごとく呼びならわされている。しかし、階段の傾斜はなるほどアルプスを思わせるにしても、屋根は今をときめくドームとはこと異なり、大多数の観客には日よけ雨よけの役を果たさず、まん中は筒抜けで、およそ傘というにはふさわしくない。

相合傘といい、夜目遠目傘のうちといい、傘はロマンにこと欠かないが、甲子園の銀傘は、闘魂だの熱球だの、ファッションとは無縁の男っぽさがつきまとう。なぜ傘なのか。全国高校野球そしてそのファンを傘下に収めようという主催者の下心か、などと下衆《げす》の勘ぐりはやめておこう。しかし傘、そしてその起源の笠が権威、支配の象徴であることは疑いようがない。だからこそ「傘下」とか「……を笠に着る」とか言うわけである。もちろん頭の上に載せる、あるいはかぶせるものだから、それだけ大事で重みがあると見なされるのだろう。笠（蓋）を一つならず幾層にもかさねれば権威もいや増す道理。それがパゴダとなり相輪となる。いや、道理とは言い過ぎだった。日本語で「笠の上に笠をかさねる」のは権威の倍増にならない。むしろ古い権威があるにもかかわらず、それを無視して新しい権威をつくることを意味する。「屋上屋を架す」ともちがうし、言葉とはむずかしいものである。しかし、家紋の三階笠は、まさか革命反革命のあらわれでもなかろう。これは権威の三乗にちがいあるまい。そして三笠山（ならびにその名をひくもろもろの三笠……）は？別に三つあるわけではない。本来は御蓋《みかさ》だった。

「笠に着る」が「権威に依り頼む」なら、「かさにかかる」はなんだろう？　この「かさ」は「笠」ではなく「嵩」である。しかし、笠も嵩ももとをただせば「かさねる」からきているにちがいなく、一方が高さ＝権威、他方が容量＝エネルギー量・いきおいを表わすようになったのではないか。とすれば本質的に変わりはない。変わりはないといえば、「瘡《かさ》」もそうかもしれない。瘡蓋の形から想像される。

昨今の日本語ブームに便乗したわけではないが、T.S.Crawford, *A History of the Umbrella* を読みかつ訳しながら頭（笠の台の別名あり）の中を去来したくさぐさの一端である。クローフォードのことはよくわからない。限られた情報から察すると、どうやら在野の郷土史家といったところらしく、その関係の著書もある。本書は『日本大百科全書』（小学館）「傘」の項に参考図書として紹介されていて、その道の専門家には知られた本なのだろう。傘の歴史とはおもしろいものに目をつけたと感心し、内容のおもしろさにかさねて感心した。イギリスにはこの手の博学多識な gentleman scholar が多いらしい。ただし、日本に関する知識はいささか心もとなく（当然といえば当然）、傘にまつわる伝説に人名もストーリーもとうてい日本とは思えない眉唾ものがあり、日本人読者にはなくもがなと考えて削除させていただいた。そのために本書の価値が減ることは決してないと思う。

翻訳は例によって優秀な弟子たちの協力を仰いだ――というより、優秀な弟子たちにこちらが協力してできあがった。前半が中尾ゆかりさん、後半が殿村直子さんの担当である。ご苦労さまでした。そして、本書を紹介して下さり本作りにご尽力いただいた八坂書房の八尾睦巳さん、三宅郁子さんにも心から御礼申しあげる。

上から読んでも下から読んでも「やさかのかさや」を自称しながら（もちろん、八坂書房の傘の本を手がけているということ）ひたすら続けたこの仕事、できあがりはどうやら秋の長雨に間に合いそう。どういう風の吹き回しか（それとも雨の降り回しか）傘に人気が出てきた昨今の風潮に乗って、この本も飛ぶように売れてくれれば……という期待はよくない。傘が風に乗って飛んではまずいのでした。それこそ作者の笠の台まで飛ばされる。

二〇〇二年盛夏　日傘の陰で

別宮貞徳

索　引

［ページのあとの⋆印は，関連図版が掲げられていることを示す］

【か】

【な】

【ま】

【や】

原　註

本書を編むにあたり、著者は約500点にのぼる資料を披見して情報の収集につとめた。これら参考文献の一部を以下に示しておく。しかし、出典の明示されていない書物や記事から得られた情報も多く、したがって、さらに遡っての調査が不可能である場合も少なくなかった。（たとえば、キャプテンクックが南洋の島民が傘を使っているのを目撃したらしいことがわかっても、いつ、どこでそれを見たのかまで確認できるとはかぎらないし、オノレ・ド・バルザックが傘について述べていることがわかったところで、どういった文脈での言及かをつきとめるのはまた別の話、ということになる。）以下各章ごとに、引用させていただいたり、裨益するところ大であった文献類——書物、新聞、書簡など——を順次あげてゆくが、そのまえにまず、いくつかの章にまたがるような内容の、基礎的な情報を提供してくれた文献を掲げておきたい。

Boehn, Max von. *Modes and Manners,* Vol 5, 'Ornaments'. (Dent, 1929)

Gordon Cumming, C. F. 'Pagodas and Umbrellas', *The English Illustrated Magazine,* 1887-8, pp 601-12, pp 654-67

Uzanne, Octave. *The Sunshade, the Glove, and the Muff.* (Nimmo & bain, 1883)

Varron, A. 'The Umbrella', *Ciba review,* No 42, 1942, pp 1509-48

Scrapbook of newspaper cuttings in the possession of the Federation of British Umbrella Industries.

Scrapbook compiled by A. R. Wright, 1910-30, in the possession of the National Reference Library of Science and Invention.

Various numbers of *The Times, Notes & Queries, Parapluies et Ombrelles de France,* and *L'Ombrelle e la Moda*

まえがき

1) ── David Piper, 'Geo-brolliology, or Climate and the Umbrella', *The geographical magazine,* vol 25, no 8, 1952, p 390

2) ── *Notes & Queries,* 1st Series, vol 12, p 137

3) ── Uzanne, 前掲書, pp8-9

4) ── Charles de Linas, 'Les Disques Crucifères, le Flabellum et l'Umbrella', *Revue de l'Art Chrètienne,* 1884, pp 5-33

5) ── Uzanne, 前掲書, p62に引用。

6) ── 同上書, pp67-8

7) ── G. Morrazzoni & C. E. Restelli, *L'Ombrello, contributo alla storia della moda e del costume,* (Milan, 1956)

第一章

＊古典作品のタイトルは、英語で最もよく知られている形で示した。

1) ── Edward Westermarck, *The History of Human Marriage,* (Macmillan, 1921), vol 2, p 529にさまざまな例が示されている。

2) ── A. T. Olmstead, *History of palestine and Syria,* (New York, 1931), ch 19, p 291

3) ── G. Rawlinson, *The Five Great Monarchies of the Ancient Eastern World,* (John Murrey, 1879), vol 1, ch 7, pp495-6

4) ── 同上書, vol 3, ch 3, p210

5) ── Herodotus, *Historiae,* bk 2, passage 171

6) ── Aristophanes, *Thesmophoriazusae,* line 830

7) ── Aristophanes, Aves, lines 1550-1

8) ── Aristophanes, *Thesmophoriazusae,* lines 821-3

9) ── Anacreon, *Ap Athenaus,* fragment 66, ch 44

10) ─ Xenophon, *Cyropoedia*, bk 8, ch XIII, passage 17

11) ─ Aristophanes, *Equitibus,* lines 1347-8

12) ─ Ovid, *Fasti,* bk 2, line 311

13) ─ Martial, *Epigrams,* bk 14, no 28

14) ─ 同上書, bk 14, no 30

15) ─ Ovid, *Ars Amatoria,* bk 2, line 209

16) ─ Martial, 前掲書, bk 11, no 73, line 6

17）— Juvenal, *Satires,* no 9, lines 50-4

18）— Paulus Paciaudus, *De Umbellae Gestatione,* (Rome, 1752), ch 3

19）— *Exodus,* ch 26, verses 31 & 33

20）— Herodian, *Historia,* bk 5, ch 3

21）— Claudian, *The Fourth Consulship of Honorius,* line 340

22）— Claudian, *Against Eutropius,* lines 464-5

23）— Joseph Needham, *Science and Civilization in China,* (Cambridge University Press, 1965), vol 4, part 2, pp 70-1, 594 以下参照。

第二章

1）— Anon, *Two Dissertations, on the Athenian Skirophoria, and on the Mystical Meaning of the Bough and Umbrella in the Skiran Rites,* (London, 1801), ch 3.（本書は古代の傘についてとりとめなく論じたものである。）

2）— *The Mahabarata, sclokas* 4941-3

3）— A. H. Longhurst, *The Story of the Stupa,* (Ceylon Government Press, 1936), ch 2, p20

4）— Dietrich Seckel, *the Art of Buddhism,* (Methuen, 1964), part 2, ch 2, p 20

5）— Samuel Purchas, *Purchas his Pilgrims,* (James MacLehose, 1905), vol 3, p 33

6）— Charles Ray, 'The Story of the umbrella', *Pearson's Magazine,* vol 6, 1898, p 40

7）— F. B. Bradley-Birt, *Indian Upland,* (London, 1905), p278

8）— Simon de la Loubère, *A New historical Relation of the Kingdom of Siam,* (London, 1963), p47

9）— Richard Hakluyt, *The Principal Voyages, Traffiques and Discoveries of the English Nation,* (Dent, 1927), vol 3, pp305-6

10）— A. H. & R. Verrill, *America's Ancient Civilizations,* (New York, 1953), ch 3, p 18

11）— J. D. Vaughan, *Manners and Customs of the Chinese in the Straits Settlements,* (Singapore, 1879), p 14

12）— A. W. Murrey and S. Macfarlane, *Journal of a Missionary Voyage to New Guinea,* (London, 1872), p 33

13）— Ray, 前掲書, p 39

14）—Sir Henry Yule, editor, *Travels of Marco Polo,* (London, 1875), p342
15）—Sir E. A. Wallis Budge, *The Monks of Kubilai Khan, Emperor of China,* (London, 1928), pp 76 & 155
16）—Bernard de Montfaucon, *Antiquity Explained and Represented in Sculpture,* (London, 1723), Supplement to vol 5, p571
17）—J. E. Kidder, *Early Japanese Art,* (Thames & Husdon, 1964), pp86-8, 182
18）—Will. H. Edmunds, *Pointers and Clues to the Subjects of Chineses and Japanese Art,* (Sampson Low, 1934) には、東洋の絵画に描かれた傘の例がさらにいくつか紹介されている。

第三章

1）—*Travels of Ali Bey,* (London, 1816), vol 1, p109
2）—Rev Samuel Johnson, *History of the Yorubas,* (Routledge & Kegan Paul, 1966), ch 4, p 52
3）—Thomas Astley, publisher, *A New General Collection of Voyages and Travels,* (London, 1745-6), vol 3, p43
4）—J. A. Skertchley, *Dahomey As It Is,* (London, 1874), p259
5）—Sir Richard Burton, *A Mission to Gelele, King of Dahome,* (Routledge & Kegan Paul, 1966), ch 6, p131 (footnote)
6）—同上書, ch 7, p152
7）—同上書, ch 12, p209
8）—同上書, ch 9, p187
9）—E. L. R. Meyerowitz, *The Divine Kingship in Ghana and Ancient Egypt,* (Faber, 1960), p 81
10）—E. L. R. Meyerowitz, *The Akan of Ghana,* (Faber, 1958), pp120-1
11）—T. E. Bowdich, *Mission from Cape Coast Castle to Ashantee,* (London, 1873), ch 2, p37
12）—同上書, ch 3, p64
13）—Kofi Antuban, *Ghana's Heritage of Culture,* (Leipzig, 1963), pp 150-1
14）—*Illustrated London News,* 21 March 1874, p278
15）—A. A. Kiperemateng, *Panoply of Ghana,* (Longmans, 1964), pp89-91
16）—Sir S. W. Baker, *The Nile Tribes of Abyssinia,* (Macmillan, 1908), ch 21, p 366

17) — Sir Harry H. Johnston, *British Central Africa*, (Methuen, 1897), ch 7, p187, appendix 2, 'Hints on Outfit'

18) — *Notes & Queries,* 4th series, vol 8, p338

19) — Commander V. L. Cameron, *Across Africa,* (London 1877), vol 1, ch 12, p 207

20) — R. A. Freeman, *Travels and Life in Ashanti and Jaman,* (Frank Cass, 1967), ch 2, p56

第四章

1) — Caedmon, *Genesis,* line 813

2) — Phillipe des Reimes, *Blonde of Oxford and Jehan of Dammartin,* (Camden Society, 1858), lines 2675-82

3) — Mgr Horace Mann, *Lives of the Popes in the Middle Ages,* (London, 1902), vol 1, part 2, p467

4) — Zsolt Aradi, *The Popes,* (Macmillan, 1956), ch 2, pp 59-60

5) — Gordon Cumming, 前掲書, p661

6) — Louisa Twining, *Christian Symbols and Emblems,* (John Murray, 1885), p203

7) — この写本は現在、大英博物館に所蔵されている (Harleian Manuscripts, no 603)

8) — Linas, 前掲書, pp 22-4

9) — 同上書, p25

10) — 同上書, p26

11) — 同上個所参照。

第五章

1) — Therle Hughes, *Small Antiques for the Collector,* (Lutterworth, 1964), ch 7, p 82 に引用。これはイギリスにおける実用的な傘の最も古い記録であり、おそらくはqueen's wardrobe bookから採られたものだろう。またこの傘に注意を向け、記録に留めているのはHughes女史のみのようである。

2) — Uzanne, 前掲書, p29. この他にも、本章のヨーロッパ大陸における事情を扱うくだりの多くは、このUzanneの著書に負っている。

3）——同上書, p30

4）——Michel de Montaigne, *Essais de la Vanité,* bk 3, ch 9

5）——Roy C. Strong, 'Sir Henry Unton and his Portrait — an Elizabethan Memorial Picture and its History', *Archaeologia,* vol 99, pp53-76

6）——Robert Parke, transrator, *Gonzalez de Mendoza's History of the Great and Mighty Kingdom of China,* (Hakluyt Society, 1853), vol 2, p105

7）——Hakluyt, 前掲書, vol 3, p299

8）——Sir Edmund Gosse, editor, *The Life and Letters of John Donne,* (massachusetts, 1959), the letter to Sir Henry Goodyer, vol 1, p220

9）——Purchas, 前掲書, vol 19, p19

10）—Ben Johnson, *The Devil is an Ass,* act 4, scene 1

11）—Tom Coryate, *Crudities,* (London, 1611), vol 1, p134

12）—E. M. Thompson, editor, *The Diary of Richard Cocks,* (Hakluyt Society, 1883), vol 1, p28

13）—Fynes Moryson, *An Itinerary,* (James MacLehose, 1908), vol 3, p391

14）—Beaumont & Fletcher, *Rule a Wife and Have a Wife*, 1624, act 3, scene 1, lines 1-4

15）—Michael Drayton, *The Muses Elizium* — the Second Nimphall, lines 167-74

16）—Moryson, 前掲書, vol 4, p215

17）—Sir William Davenant, *The Man's the Master*, 1688, act 2, scene 1

18）—John Lough, editor, *Locke's Travels in France, 1675-79,* (Cambridge University Press, 1953), p41

19）—同上書, no 1721 / 4, 16 May 1682

20）—同上書, no 16, 19 February 1718, p 109

21）—Jonathan Swift, *A Tale of a Tub*, 1696, (Dent's everyman's Library, 1964), p121

22）—Thomas Baker, *The Fine Lady's Airs*, 1708, act 3, scene 1

23）—Jonathan Swift, *Description of a City Shower*, line 31-8

24）—John Gay, *Trivia*, bk 1, lines 209-18

25）—同上書, bk 2, lines 57-60

26）—William Hone, *The Every-Day Book and Table Book,* (London, 1839), vol 4, column 101; Willam Andrews, editor and publisher, *Old Church Life*

(1900), pp224-30も参照。

27）— *Notes & Queries,* 5th series, vol 7, p158

第六章

1）—— *Notes & Queries,* 1st series, vol 1, p414に引用。

2）—— John Hanway, *Travels thro Russia into Persia,* (London, 1753), vol 2, ch 42, p286

3）—— John Pugh, *Remarkable Occurrences in the Life of Jonas Hanway,* (London, 1787)

4）—— Strong夫人よりthe Marine Societyの書記に宛てた書簡（1895年7月）。Captain H. T. A. Bosanquet, 'A Forthcoming Bicentenary — Jonas Hanway and his Umbrella', *The Mariner Magazine,* 15 August 1955, p48も参照。

5）—— P. J. Grosley, *A Tour to London,* (1772), vol 1, p 45

6）—— Mrs Paget Toynbee, editor, *The Letters of Horace Walpole,* (Clarendon Press, 1904), vol 6, p309

7）—— Sir W. R. Drake, *Heathiana,* (London, 1881), p21

8）—— Uzanne, 前掲書, p41-2に引用。

9）—— M. Dorothy George, *Catalogue of Political and Personal Satires in Department of Prints and Drawings,* British Museum, print no 4918

10）— John beresford, editor, *Woodforde,* (Oxford University Press, 1935), p241

11）— A. M. Gummere, *The Quaker,* (Philadelphia, 1901), pp48-50

12）— E. S. Curtis, *The North American Indian,* (Cambridge, Massachusetts, 1908), vol 3, appendix, p168

13）— James Stockdale, *Annales Caremoelenses,* (Ulverston, 1872). 同書からは、カートメル小修道院のものを含め、初期の頃の傘についてのさまざまな情報を得ることができる。

14）— Uzanne, 前掲書, p42に引用。

15）— *The Report of the Juries* [of the Great Exhibition], (London, 1852), p658

16）— この段落に紹介した逸話は、いずれも*Notes & Queries*の初期の号から引いたものである。

17）— *Kirby's wonderful and Scientific Museum,* (London, 1804), vol 2, p49

18) — John MacDonald, *Memoirs of an Eighteenth Century Footman,* (London, 1790), pp 381-3

19) — *Notes & Queries,* vol 148, p133, Norman pennyによる報告。

20) — *Glasgow Constitutional*（号数不明）; *The Penny Magazine,* 2 january 1836, pp5-7に引用。

21) — George, 前掲書, print nos 5793, 6132, 6743. 後者の『傘の戦い（*A battle of Umbrella*）』は、同タイトルの諷刺的なエッセイ——この上なく的はずれなものだが——とともに、*The Wit's Magazine,* vol 1, 1 September 1784, pp 286-8に掲載されている。

22) — William Cowper, *Task*, 1784, bk 4, lines 550-2

23) — R. L. Stevenson, with J. W. Ferrier, 'The Philosophy of Umbrellas', *Edinburgh University Magazine,* January-April, 1871. これは後に、*The Works of R. L. Stevenson,* vol 22, 'Juvenilia', (Chatto & Windus, 1912), p62に再録されている。

24) — *Notes & Queries,* 4th series, vol 8, p492, F. C. H.による報告。

25) — George, 前掲書, print no 8685 (*Copenhagen House,* H. Humphrey彫版）

26) — 航空術に関する詳細は、多くをE. Hodgson, *The History of Aeronautics in Great Britain,* (Oxford University Press, 1924) に負っている。

27) — 詳細については、*The Mariner's Mirror,* vol 34, pp 219-20を参照。

第七章

ファッショナブルなパラソルについてさらに詳しい情報を望まれる向きは、以下の各書を参照されたい。いずれも本章をまとめるにあたって用いたものである。

Buck, A. M. *Victorian Costume and Costume Accessories,* (Herbert Jenkins, 1961), ch 18, pp 179-83

Davenport, Milla. *The Book of Costume,* (New York, 1948)

Hughes, Therle. 'The Fashion for parasols', *Country Life,* 5 December 1963; *Small Antiques for the Collector,* (Lutterworth), ch 7, pp 82-95

Lester, K. M., & Oerke, B. V. *Accessories of Dress,* (Illinois, 1954), part 5, ch 30, pp 402-14

*The Young Englishwoman, World of Fashion, Englishwoman's Domestic Magazine, Lady's Companion*などのヴィクトリアン・マガジン各誌。

1）—— A. M. Cohn, *George Cruikshank — A Catalogue Raisonné,* (London, 1924), p 349

2）—— George, 前掲書, print no 15351. このprint自体は、*The Northern Looking-Glass,* new series, vol 1, no 2, May 1826, p5に公刊されている。

3）—— From a letter to Paris. E. McClellan, *History of American Costume, 1607-1870,* (New York, 1937), p 383に引用。

4）—— Uzanne, 前掲書, p 53

5）—— Professor Wilson, *Noctes Ambrosiane,* (Edinburgh, 1868), vol 4, p 220. 本書は、1822年から1835年にかけて*Blackwood's Magazine*に掲載されたエッセイをまとめたものである。

6）—— Uzanne, 前掲書, p 57

7）—— *The Art Union,* 1848, vol 10, p 364

8）—— *Abridgements of Specifications relating to Umbrellas, Parasols and Walking-Sticks,* 1760-1866, (London, 1871). 工夫を凝らしたデザインの数々が、考案者の名とともに事細かに紹介されている。

9）—— Frank Rede fowke, 'Umbrellas', *The gentleman's Magazine,* vol 266, 1889, p 543

10）— Uzanne, 前掲書, pp 63-4

11）— The Duke of Windsor, *A King's Story,* (Cassell, 1951), ch 16, p 282

12）— *The Times,* 27 October 1936, p 15

第八章

1）—— General Cavalié Mercer, *Journal of the Waterloo Campaign,* (Peter Davies, 1927), ch 13, p 165

2）—— こうした軍隊における逸話の多くは、R. Hargreaves, 'Brollies and Gold Lace', *Chambers' Journal,* 9th series, vol 1, pp 205-8に紹介されている。またE. R. Yarham, 'The Umbrella Front: Gamps on the Battle-field', *The Army Quarterly,* November 1942, pp 75-9も参照。

3）—— *St Swithin's Chapel; 'Cold-bath Fields',* sketched, engraved and published

by Goerge Cruikshank, December 1833

4）――ここに紹介した類の軍隊におけるさまざまな逸話は、1934年10月16日から11月7日にかけて、*The Times*紙に掲載されている。

5）――Uzanne, 前掲書, p 62-3に引用。

6）――同上書, p65

7）――*The Times,* 1 Jury 1868, p11

8）――上掲紙, 20 May 1872, p7

9）――H. F. Jones, *Samuel Butler, a Memoir,* (Macmillan, 1920), vol 1, ch 20, p 370

10）―Stevenson, 前掲書, p 62

11）―Sabine Baring-Gould, Strange Survivals, (Methuen, 1894), ch 6, p 130-1

12）―*The Times,* 23-8 September 1957の投書欄を参照。

第九章

1）――Daniel Defoe, *Robinson Crusoe,* in The Works of Daniel Defoe (Edinburgh, 1869), p 74

2）――Stevenson, 前掲書, p 62

3）――第二章註1の文献参照。

4）――J. S. Duncan, *Hints to the Bearers of Walking Sticks and Umbrellas,* 1801, pp 13-14

5）――同上書, pp 29-30

6）――同上書, p 28

7）――'Umbrellas in the East', *The Penny Magazine,* 5 December 1835, pp 479-80. また続編にあたる 'Umbrellas', 上掲誌, 2 January 1836, pp 5-7も参照。

8）――René-Marie Cazal, *Essai Historique, Anecdotique, sur le Parapluie, l'Ombrelle et la Canne,* (Paris, 1844)

9）――詳細についてはE. T. Ward, 'Gamps', *The Dickensian,* vol 24, no 205, pp 41-3を参照。

10）―'The Umbrella', *Household Words,* vol 6, 1853, pp 201-4

11）―とりわけIsaac D'Israeli, 'Of Domestic Novelties at First Condemned', *The Literary Character,* (London, 1862), pp 358-9を参照。

12）―Glasgowのthe Mitchell Libraryからのご教示による。この宣伝が差

しはさまれているのは、Joseph Wright, *Laird Nicoll's Kitchen, and other Scottish stories* (18th edition, Glasgow, 1893) である。

13）—George Borrow, *Wild Wales,* (John Murray, 1907), ch 71, p 470 and footnote

14）—G. V. Cox, *Recollections of Oxford,* (Macmillan, 1868), p 298

15）—William Sangster, *Umbrellas and their History,* (London, 1855), ch 5, p 68

16）—Sir Walter Scott, editor, *The Secret History of the Court of James I,* (Edinburgh, 1811), p 188

17）—A. G. gardiner, *Pebbles on the Shore,* (J. M. Dent, 1925), pp 52-6

18）—Ivor Brown, 'Put up More Gamps', *The Observer,* 26 April 1953

19）—J. G. Wilson, editor, *Life and Letters of Fitz Greene Halleck,* (New York, 1869), p 494

20）—Ray, 前掲書, p 42

21）—第五章註1の文献参照。

22）—ただしClyde & Black, *Umbrellas and their History*を参照。ほとんど知られていない書物だが、1864年にニューヨークで刊行されている。

第十章

1）——'Senex' (Robert Reid), *Glasgow Past and Present* (1884), vol 2, p 182

2）——B. W. Clapp, *John Owens, Manchester Merchant,* (Manchester University Press, 1965), ch 2, pp 18-20; ch 3, pp 22-4

3）——統計値は*The Report of the Juries,* p 658から引用。

4）——Stanley Moxon, *Umbrella Frames,* 1848-1948, (Samuel Fox, 1948) には、Fox氏とその業績の全容が語られている。

5）——*The Report of the Juries*, pp 658-9

6）——同上書, pp659

7）——Alison Adburgham, *Shops and Shopping, 1800-1914,* (Allen & Unwin, 1964), ch 10には、本章でふれた小売店や企業についての情報がいくつか紹介されている。

8）——Thomas girtin, *Makers of Distinction,* (Harvill Press, 1959), ch 5, p 84. また同書のpp 80-9には、高級傘の製造に関する基礎的な情報が収められている。

9）——Henry Mayhew, *London Labour and the London Poor,* (Frank Cass, 1967),

vol 2, p 115

10）—同上個所参照

11）— J. Larwood & J. C. Hotten, *The History of Signboards,* (London, 1866), p 413

12）—こうしたさまざまな改良の詳細については、Samuel Timmins, editor, *Birmingham and the Midland Hardware District,* (Frank Cass, 1967), pp 667-8を参照。

13）—傘の製造販売に従事する人々の苦労についての詳細は、Charles Booth, *Life and Labour of the People in London,* (Macmillan, 1893), vol 4, ch 9, pp 268-70およびE. Cadbury, et al, *Woman's Work and Wages,* (London, 1906), appendix p 318を参照。

14）—同時代の証言として、'Midland Captains of Industry', *Birmingham Gazette & Express,* 20 December 1907, pp 83-4を参照。

15）—この時期の貿易の状況についてさらに詳しく知りたい向きは、*The Bag, Portmanteau and Umbrella Trader*, 1907-21を参照のこと。精細この上ない情報を得ることができる。

16）— Arthur Fontaine, *French Industry during the War,* (New Haven, 1926), ch 12, pp 224-5; appendix 32, pp 442-3

17）— *The Board of Trade Journal,* 21 July 1927, p 6

18）— Adburgham, 前掲書, ch 10, p 112

19）— *The Times,* 16 October 1934, p 15

20）—戦時中の事情については、the Federation of British Umbrella Industriesの書記、B. Ockenden氏のご教示を得た。

21）—上註4の文献参照。またSangster社やKendall社も自社製品を紹介する出版を行なっており、この点については第九章註15にあげた文献、およびHarry J. French, *Umbrellas Past and Present*, (Kendall's, 1923)を参照。

22）— *The Times,* 27 January 1947, p 5

23）— The Board of Trade, Final Report on the Census of Production for 1948, vol 7, Trade K, Umbrellas & Walking Sticks (HMSO, 1951)

24）— W. Jones & Co (Umbrellas) 社, Frank Fish氏のご教示による。

★著者紹介

T.S.クローフォード（Terence Sharman Crawford）
1945年、イギリスのバーミンガム生まれ。
1970年以降、編集者として活躍するかたわら、イングランド南部を中心とする郷土史関係の記事・論文を多数執筆。
本書以外の著書に、*Wiltshire and the Great War*（1999）がある。

★訳者紹介

別宮貞徳（べっく さだのり）
1927年生まれ。元上智大学教授、現在翻訳家・評論家。
著書：『「あそび」の哲学』、『日本語のリズム』、『そこに音楽があった』、『誤訳迷訳欠陥翻訳』など。訳書：『G.K.チェスタトン著作集』、C.H.ハスキンズ『12世紀ルネサンス』、A.ブラックウッド『世界音楽文化図鑑』、M.アルボム『モリー先生との火曜日』、P.ジョンソン『アメリカ人の歴史』など、あわせて150冊にのぼる。

中尾ゆかり（なかお ゆかり）
1950年生まれ。西南学院大学文学部卒業。1988年より別宮貞徳氏に翻訳を学ぶ。現在翻訳業。
訳書：L.A.セブロウィッツ『顔を読む』（共訳）、翻訳協力：P.ジョンソン『インテレクチュアルズ』『現代史』、G.バラクラフ『キリスト教文化史』、M.C.フィッツジェラルド『ギャラリーゲーム』、E.ウッド『ガーシュイン』、A.ブラックウッド『世界音楽文化図鑑』その他多数。

殿村直子（とのむら なおこ）
1951年生まれ。上智大学文学部卒業。1989年より別宮貞徳氏に翻訳を学ぶ。現在ノンフィクション翻訳に従事。
翻訳協力：G.バラクラフ『キリスト教文化史』、W.アイザックソン『キッシンジャー』、R.ブラウンリッグ『新約聖書人名事典』、A.ウォー『クラシック音楽の新しい聴き方』、E.ウッド『ガーシュイン』、A.ブラックウッド『世界音楽文化図鑑』など。映像翻訳：NHKドキュメンタリー番組『麻薬戦争』、『臓器移植』他。

アンブレラ ―傘の文化史

2002年8月26日　初版第1刷発行

訳　者　別宮貞徳
中尾ゆかり
殿村直子
発行者　八坂立人
印刷・製本　モリモト印刷(株)

発行所　(株)八坂書房
〒101-0064　東京都千代田区猿楽町1-4-11
TEL.03-3293-7975　FAX.03-3293-7977
郵便振替口座　00150-8-33915

ISBN 4-89694-810-6